新書

上田 篤
UEDA Atsushi

縄文人に学ぶ

524

新潮社

まえがき

わたしは、長年、町家《まちや》を中心に「日本人のすまい」を勉強してきた。

そしていろいろの本も書いてきたけれど（『日本人とすまい』岩波新書、他）、じつは日本人のすまいのことがなかなかわからなかった。たとえば「日本人はなぜ玄関で靴を脱ぐのか」「なぜ家のなかに神棚や仏壇を祭るのか」「なぜ座敷を庭にむけて大きく開放するのか」などといったことである。

じっさい「家のなかにはいったら靴を脱ぐ」などといった奇習（?）を世界の人々はもっていない。家のなかに教会やモスクのミニアチュアを祭るようなこともしない。さらに家の主室を庭にむかって開いて坊さんなどの正客を招きいれる、といったことなどもおこなわれないのである。

ところが日本の家では、昔から小屋や長屋のような「屋」の字のつく「仮住まい」ならともかく「家」という字のつく農家や町家、さらには武家屋敷などの先祖代々つづいてきた正式のすまいではみなそうしてきたのである。

どうしてだろうか。

わたしはいろいろ考えたすえ、それにたいして一つの試論をもった。それは「日本の家は神さまのすまい」というものである。日本人は、その神さまの家に仮住まいをしているにすぎない。そうかんがえるとこういう奇癖も説明できるだろう、とおもったのである（『流民の都市とすまい』駸々堂、他）。

しかし、では「その神さまとは何か？」と尋ねられると、じつはわからなかった。ところが二十五年ほど前に「鎮守の森の調査」で沖縄に出かけて、とうとうわたしは問題の神さまを「発見」したのである。

沖縄の田舎の旧家ではついこのあいだまで、いちばん大切な神さまは神棚や仏壇の神仏ではなく、暖かい地方であるにもかかわらず、家の奥の殿《とん》とよばれるところに設けられた地炉《じーる》のなかの「火の神《ひぬかん》」だったのだ。そして人々は地炉のまわりで、久米島の神女《しんにょ》コイシノなどに「セジもつコイシノさま、火の神の輝く地炉にして」（外間《ほかま》守善《しゅぜん》他『おもろさうし』岩波文庫）などと歌うのだった。

セジとは沖縄のことばで超自然力つまり巨大なパワーをいい、セジの最高保持者は太陽、地上では「太陽の子」である火の神とされた。さらにその火の神を招く神女も、セジをもつとみた。また地炉はいわばその火の神をいれる器で、ために海や川から拾ってきた三個の自然石を置いて火の神をよびこむ依代《よりしろ》とした。

そうして沖縄の旧家には多くの神さまがおられたにもかかわらず、このようにいつも真先に火の神に感謝が捧げられた。もちろん、火に感謝が捧げられたのは灯り、煮炊き、暖房効果などの効用に対してであろう。しかしそれだけでなく、人々はこのように火を太陽のセジをうける「神さま」と見たのであった。

たしかに「聖火思想」は世界中にある。その多くはイギリスの文化人類学者ジェームズ・フレーザー（一八五四〜一九四一）のいう「不絶火（perpetual fire）」（永橋卓介訳『金枝篇』岩波文庫）からきている。オリンピックの聖火などもその例だ。その昔、一度火を絶やすと、ふたたび火をおこすのが大変だったからだろう。

ところがマッチが普及した二十世紀になっても、沖縄ではこの不絶火の伝統が生きていた。人々は火の神にたいして「地炉に依りついて！」と歌うのだった。

このような歌がたくさん収録されている『おもろさうし』は、十六世紀ごろに首里の王府が沖縄各地にあった「思い《うむ》」とよばれる民間の古歌などを集大成したものである。しかもその多くは、沖縄に稲作がはいる十三世紀以前に成立したものだった。

「稲作以前」ときいてわたしは絶句した。考えてみると、それは「沖縄の縄文時代」のことではないか？　本土は早くに稲作をとりいれて弥生時代になったけれど、沖縄はなかなか稲作をとりいれず、したがってその「縄文時代」は十三世紀ころまでつづいた、といえるのである。

「そうか！」と、わたしはおもった。とどうじにわたしの興味は一挙に縄文に飛んだ。縄文のことをかんがえると、前から不思議におもっていた「日本人のすまいの謎」も一挙に氷解するようにおもえたからである。

話は古い時代にさかのぼる。

いまから一万五千年ほどの昔、氷河期の氷期が終わりだすと地球の気候が激しく寒暖をくりかえし（縄文草創期）、一万二千年ほど前になると、日本列島はしだいに暖かくなっていった（縄文早期）。

ところがそういう気候の温暖化とは逆に、日本列島では北は北海道から南は沖縄まで、北方住居をおもわせる「竪穴《たてあな》住居」が一斉につくられたのである。

この現実の気候を無視したような「縄文人の竪穴住居づくり」の行動は、それを人間のためのすまいというより「火のためのすまい」とかんがえると納得がゆく。つまり定住のために火が入用なだけでなく、温暖化にともなって生じたであろう激しい風雨から火を守るために「厳重な覆い屋」が必要になったのだ。それをわたしたちはいままで「北方住居」と見ていたのだった。

沖縄の古い家が、そういう謎を解く鍵を今にしめしてくれていた。そこにある火は人々の生活に必要なエネルギーであるだけでなく、いわば神さまだったのだ。人々は神さまの家に住んで、神さまを守っていたのである。

そうかんがえると「日本の家の謎」も氷解する。それは沖縄の家とどうよう縄文の家の伝統を継ぐものである。長い間わたしが追い求めていた日本の家の神さまは火だったのだ。日本の家は「火という神さまを祭るすまい」だったからこそ玄関で靴を脱ぎ、ほかの神々も受けいれ、さらに太陽の子の火の神にも来ていただけるように庭にむけて座敷を大きく開いたのだった。

じっさい、世界でも神殿のような聖なる空間に入るときはしばしば靴を脱ぐ。また神殿内部で祭壇や聖なる方向にむかって拝んだりもする。といったことなどをかんがえあわせると、日本の家が神殿つまり神さまの家であることも了解されてくるのである。

さらに、じつは沖縄でもっと衝撃的なことがあった。

それは先のコイシノにかわって、ついこのあいだまで各家で主婦が火を祭っていたことだ。つまり『おもろさうし』に歌われたノロ（神女）の代りを主婦たちがやっていたのである。そして「家と云うものはカマドの火と共に発生したものであり、沖縄では所帯のことを煙《けぶり》と云うのもこの観念に根ざしている」（中山盛茂編『琉球史辞典』文教図書）といわれるように、火があって所帯がある。いいかえると彼女たちが嫁入って、火を焚《た》いて、所帯が生まれて初めて家が成立するのである。であるから彼女たちは、実家の灰を持ってきて地炉の火を祭るのだった。

このような沖縄の主婦の行動を、民俗学者であり歴史学者でもあった鳥越憲三郎（一九一四〜二〇〇七）は「母系時代に行われた婿入《むこいり》の儀式の遺制であろう」とする（『琉球宗教史の研究』角川書店）。

この一節をよんで、わたしの目から鱗《うろこ》が落ちた。

「そうか！　沖縄は母系制社会だったのだ」。

ところが沖縄の民俗学者の仲松弥秀《やしゅう》（一九〇八～二〇〇六）は「もしそうだとするならば、婿は自己親元の火神に告別するのが当然ではなかろうか」と疑問を呈する（『神と村』伝統と現代社）。しかしわたしは「そうしないのは、父系制社会になっても沖縄の主婦の意識はなお実家を核とする母系制社会だったからだろう」とおもう。

こうして「沖縄にはいまなお母系制社会の遺制がある」という衝撃的な結論をかんがえているうちに、わたしの想像力はますます羽ばたいていった。「ひょっとすると沖縄のみならず、縄文時代と別れて二千年以上もたった現代日本も、いまなお多くの縄文文化を引きずっているのではないか?」と。

じっさい、民俗学者の折口信夫《しのぶ》（一八八七～一九五三）も、大和人と沖縄人は手を携えて日本列島にやってきたが、大和人はそのことをすっかり忘れてしまった、しかし沖縄人に残された伝承によって大和以前の日本のことがわかるのは有難い、といっている（『折口信夫全集　第二巻』中央公論社）。

それからわたしは、本来、未来を設計する建築学徒であるにもかかわらず、過去の縄文文化にのめりこんでいった。いまでは「縄文文化は日本文化の原点」とまで確信している。

そのうえ、現代日本が当面しているさまざまな問題、あるいは今日の社会の閉塞状況も、「日本が、いま一度、縄文文化に立ちかえれば乗りこえられるのではないか」とおもうようになったのである。

そこで以下にわたしがのべるものは、多くの考古学者が調査し、研究し、発表している「縄文遺跡論」や「遺物論」などでないことはもちろん、それら縄文の遺跡・遺物からせまる「縄文文化論」でもかならずしもない。

では何かというと、縄文にかんする直接、間接の材料をもとに、縄文人のトータルな生活をかんがえた「縄文社会論」とでもいうべきものである。

そういう角度から今日の日本社会も見直し、縄文的体質をもつ日本の国の未来をみてゆきたいとわたしはおもう。

縄文人に学ぶ ● 目次

序　縄文人って何？

「縄文人」

縄文人——という言葉は誰でも知っている。

しかし「では縄文人とは何者か」と尋ねられると「絶滅した民族」とか「土器や土偶を発明した人々」とか「岡本太郎が大阪万博でつくった太陽の塔のモデル」などと、人によって回答はさまざまだろう。

それらの答はかならずしも間違いではないが、しかしズバリ縄文人の本質を言い当てているかどうかは疑わしい。なんとなく従来からあった「毛皮を着て棍棒《こんぼう》を持った髭《ひげ》ぼうぼうの野蛮人」のイメージを払拭《ふっしょく》できないようにおもわれるからだ。

しかしわたしは「かれらはそのような野蛮人ではまったくない」とおもう。かれらはわたしたちと変わらない普通の日本人なのだ。じっさい、かれらに似た生活はついこのあいだまで、たとえば茅葺《かやぶ》き屋根、土座ずまい、囲炉裏《いろり》場中心の生活などといったものは高度経済成長の始まる前ごろまでの日本の僻地《へきち》に見られたのである。

それでは、縄文人とは何者か？

あるとき、こういうことがあった。

何人かの学者と日本料理を食べたあとの雑談で「縄文人は何を食べていたのか」という話題になり、たまたま出席していた考古学者がいった。「ワラビ、ドングリ、クズ、サトイモ……それにハマグリ、タイ、アユ、イノシシ……」

その瞬間、みなが顔を見合わせた。というのも、その多くをたったいま食べたばかりだったからだ。「なんだ。縄文人は私たちと同じものを食べていたのか！」

みんな大笑いになった。「縄文人の食べ物が現代日本人の食べ物と変わらない」ことを「発見」したからである。

すると、先の問にたいする答もすこしは見えてくるではないか。

縄文人はどうやら「私たちの祖先」であり、かれらの食べ物から「山や海の幸に生きた人々」で、その季節性の豊富さから「定住生活をしていたのではないか」と考えられることだ。

その縄文時代とは、いまから一万三千年まえ以前に始まり、一万年以上もつづいた時代をいうが、するとわたしたちの祖先はものすごく古いのだ。世界史上稀有《けう》のことといっていい。そのことだけでも大いに研究の価値がある。

それだけではない。縄文時代の一万年は、草創期に始まり、早期、前期、中期、後期、晩期の六期があり、そのあと弥生時代、古墳時代、歴史時代の三千年となるが、その縄文後の三千年にも、いまの食事の話ではないが縄文文化がなお多く残っている。

すると、現代も「新縄文時代」ではないか？とさえわたしにはおもわれるのだ。

これは突拍子もない発言に聞こえるかもしれないが、そういう根拠となるような話をこれからしてゆきたいとおもう。

なぜ学校で教えられない

今日、わたしたちが縄文人の実態を知らないのには訳がある。それは小学校はもちろん、中学校や高校でも縄文人のことがあまり教えられないからだ。

まず、太平洋戦争前の日本の歴史は「皇国史観」にのっとって「日本の国は、神武天皇が大和の橿原《かしわら》で即位した二千六百年前から始まる」とされた。

だとすると、それ以前に日本の歴史などあるわけがない。そしてそういう史観に立つと、神武天皇が即位する以前に征服された人たちはみな野蛮人ということになる。戦前の人々が「縄文人はわれわれの祖先ではない」としたのも当然である。

戦後、そのような皇国史観は払拭されたが、しかし縄文人がすぐに復権したわけではなかった。かわって新たな文明史観がわたしたちを支配したからだ。

それは、文明はチグリス・ユーフラテス、ナイル、インダス、黄河の四大河川とその周辺大陸からおきて世界に拡がった、とする「四大文明伝播《でんぱ》史観」である。農業中心史観といってもいい。するとそれ以外の地域から、まして大陸からかけ離れた辺境の日本列島などから独自の文明・文化が起きた、などという可能性は考慮も払われなくなった。

その証拠といっていいか、多くの日本の学問分野で「文明・文化で起源の解らないものはみな海外からきた」と考えるのが常識になっていることだ。その結果、多くの学者は「コメづくり、紡織技術、高倉倉庫などの衣食住を始めとする文明・文化は、弥生時代に朝鮮半島からもたらされた」とする。

しかし最近、コメは佐賀県唐津市の二千六百年前の菜畑《なばたけ》遺跡から水田跡が発掘され、紡織技術は九州で発掘された四千年前の土器の圧痕にすでに布目が確認され、高倉倉庫は五千五百年から四千年まえの三内丸山遺跡でその跡が多数、見つかっている。

とすると、そのような「文明の海外渡来説」はかならずしも当たらないのだ。

しかもそういうことを主張するのは学者だけではない。日本を代表する大インテリ、たとえばわたしが尊敬する山本七平さんや司馬遼太郎さんも、「紀元前三〇〇年ぐらいに、稲を持ったボートピープルがやってくるまで、闇の中にいました。この闇の時代のことを、日本では、土器の模様からとったネーミングとして、『縄文時代』といいます。……文明は、交流によってうまれます。他の文化からの影響をうけずにいると、人類はいつまでも進歩しないということを雄弁に物語っています」という（『司馬遼太郎全講演第二巻』朝日新聞社）。残念だがそれが今までの日本人の認識だったのだ。

であるから、日本国民の多くが「日本歴史は聖徳太子に始まる」とおもい、遡《さかのぼ》っても「せいぜい弥生時代から」とかんがえるのも無理はないのである。

では肝心の考古学はどうか、というと、縄文時代の専門家は貝塚や土器などの遺跡・遺物の発掘には熱中するが、「その時代がどういう社会だったか」ということについてはあまり発言をしない。戦前には、のちにのべる山内清男《やまのうちすがお》（一九〇二～七〇）とともに縄文三羽烏といわれた甲野勇（一九〇一～六七）や八幡一郎（一九〇二～八七）などの考古学者が縄文社会を論じたが、今日では学界の主要な研究テーマにはなっていないようだ。というのも考古学にかぎらず戦後の日本の学界では、学問はすべて事実によって証明されなければならないとする「実証主義」と、テーマや対象を細かく分けて研究する「専門主義」とが奨励されてきたからだろう。ために学者はおもいきった仮説を出さず、また他の専門分野に踏みいることを極端に避けている。それでは個々のケースはわかっても、縄文社会全体のことがなかなか解らないのも無理はないとおもわれるのである。

髭ぼうぼうの野蛮人か

「縄文」という言葉の名づけ親は、明治の初めにアメリカからやってきた生物学者のエドワード・モース（一八三八〜一九二五）である。かれは東京郊外の大森貝塚で発見した土器の表面に縄目があったのでそう名づけたが、そのかれも、それをつくった人間を「原始時代の異民族だろう」とした。

ところが実際には「縄文」を発見したのはモースではない。わが国にはすでに八世紀の『常陸国風土記』（秋本吉郎校注、岩波書店）の那賀郡に「……岡あり。名を大櫛《おおくし》という。上古《いにしえ》、人あり、躰《かたち》は極《きわ》めて長大《たけたか》く、身は丘壟《おか》の上に居ながら、手は海浜《うみべた》の蜃《おおうむぎ》を摎《くじ》りぬ。

其の食《くら》いし貝、積聚《つも》りて岡と成りき」の記述がある。今日、縄文時代前期の大串貝塚とされるものだが、あまりたくさん貝がでてきたので、当時の人々は「巨人が住んでいた」とおもったようだ。

また江戸時代にはいると、縄文の遺物はいろいろ調べられた。津軽藩では日本海の七里長浜にある亀ヶ岡遺跡から多数の土器を掘りだし、今日「円筒土器」や「亀ヶ岡式土器」と分類されるものを文書に記録している（『永禄日記』館野越本）。国学者の菅江真澄（一七五四～一八二九）もそれらを見分している（『外浜奇勝』）。会津藩では田邨《たむら》三省（一七三四～一八〇六）が、藩内から出土した石器や土器の詳細な考察をおこなっている（『会津石譜』）。

だが考古学者の大多数は「日本考古学はモースに始まる」とし、わが国のそれら知見についてはほとんど触れることがない。「欧米コンプレックス」とでもいうべきか。

もっとも、そうなったのには訳がある。

明治初期に「日本は明治維新で文明開化し、それ以前に文明などなかった」とする維新政府の見解がしめされ、以後の日本社会を支配したからだ。それは幕藩体制を「封建主義の悪」とみなし、それを打倒した自らを「近代主義の善」とする明治権力の政略であった（拙著『小国大輝論』藤原書店）。以後「欧米文明至上主義」が日本社会を席巻した。それが日本社会の通念になっていったのである。

したがって明治以来の考古学者の多くも、個々の土器の編年などには力を尽くしたが、縄文の社会や文化を考えることをほとんど行なわなくなった。

そういう風潮は考古学界のみならず歴史学界にも及んだ、とわたしはみる。たとえば歴史学者の多くは「文字が登場する以前に文明などなかった」とし、神話や伝説などの口誦伝承にはほとんど関心を示さない。日本の歴史学が「文献史学」といわれるわけだろう。

その結果「十七条の憲法」をつくった聖徳太子以後が歴史時代となり、遡ってもせいぜい文字の刻印された金印以後、つまり弥生時代以降が日本史なのである。

そういう視点からすれば、文字も金属器も持たない新石器人の縄文人が活躍した時代は「野蛮の極み」というしかない。一般の人々が縄文人を「毛皮を着て棍棒を持った髭ぼうぼうの野蛮人」とおもうのも無理はないのだ。

もちろん、明治の日本が欧米文明を取りいれたのは悪いことではない。それによって日本社会の大いなる発展があったからだ。

しかし欧米の国々をよくみると、彼らは近代文明を取りいれはしたが自分たちの文化も手放さないのにたいし、明治以降の日本は近代文明を取りいれるとどうじに、多くの古い日本文化をなくしてしまった。明治政府の政略にしたがって「近代文明にたいしては古い日本文化など価値がない」とおもったからだろう。

そういった現実は、わたしたちがヨーロッパを旅行したときに実感する。ヨーロッパではどこへいっても都市の中心部にはいまなお教会を始め古い町並があり、一方、新しい街やビルなどは郊外にちょこちょことあるぐらいだからだ。

ところが日本の都市の中心部には古い町並などはほとんどない。あるのは新しいビルやマンションばかりである。それらが当たり前のような顔をして鎮座している。

それにたいして「日本建築は木造だから」と材料のせいにして弁解する意見があるが、疑問である。なぜなら、第二次世界大戦で破壊されたヨーロッパの多くの石造の町が、ものすごいお金をかけて昔どおりに復元されているからだ。そこには明らかにヨーロッパ人の「過去の文化」にたいする深い思いいれがある。ヨーロッパ人は新しい文明を取りいれたが、同時に自分たちのつくった古い文化もいまなお愛して手放さないのだ。

一方、明治維新後の日本社会は多くの日本文化を封建的ないし時代遅れのものとし、その結果、残念ながら多くの日本の古い文化をなくしてしまった、といわざるをえない。とすると、同様のことが「縄文時代」についてもいえないか？　欧米人が先住民である古代エーゲ文明の彫刻や神殿を我がことのように愛しても、今日、多くの日本人は、自分たちの祖先の縄文人の土器や土偶についてどれだけの関心があるだろうか。

そうかんがえると、わたしたちもいま一度「縄文時代のことを本気で考えなくては」とおもうのである。

どこから来たか

それでは「縄文人は日本列島にいつごろ現われたのか？　どこからやってきたのだろう？」と問われるだろう。

そこで、いよいよ本筋にはいる。

日本列島には、縄文人が住む以前に住んでいた人々がいた。旧石器人だ。といっても現生人類とおなじホモ・サピエンス（新人）である。

それら旧石器人たちは、十万年ほど前に故郷アフリカを出発してヨーロッパやアジアに拡がったが、うちマンモスなどを追ってアジア北部のシベリアに展開したグループがいた。ところが二万年前の氷期の最盛期のころにそのマンモスたちが、シベリアから日本列島周辺の大陸棚に生まれた広大な草原を目がけて陸化した海峡を通って日本列島にくると、彼らも細石刃《さいせきじん》といわれるカミソリの刃のような鋭い石器をつけた移動用の槍をもって日本列島にやってきたのである。

しかし、一万二千年前ごろから地球が暖かくなって海面が上昇しだすと、大陸棚と陸橋は水没した。ために大草原と大陸への帰路を失った大型哺乳動物は絶滅し、それにつきしたがっていた人間たちも絶滅した、とおもわれる。

もっとも「旧石器人が縄文人に転化したのでは?」という意見もないではないが、何万年もつづいてきた狩猟行動をそう簡単に改めることができただろうか?

それはともかく、一方では旧石器人のかわりに日本列島にやってきた人々がいた。氷期のころ、シベリアのバイカル湖以北で氷に閉じこめられて動けなかった人たちだ。

そのあたりは極北にもかかわらず、当時の偏西風が中央アジアの乾燥地帯からパミール高原、天山山脈、アルタイ山脈に沿って北上してきたため亜寒帯気候になっていた。その結果、タイガとよばれるカラマツなどの樹林帯が形成されていたのである。

それでも彼らのなかには氷期にベーリング海峡をとおってアメリカ大陸にわたった

人々もいたが、やがてその後輩たちも、一万六千年前から一万年前の後氷期の地球気温の上昇のたびごとに氷原の裂け目をとおって南下し、シベリアのバイカル湖周辺で土器をつくって新石器人となり、アムール河を下ってオホーツク海や日本海にきた、とおもわれる。その一派が日本にもやってきただろう。

というのもかれらには、アムール河でイトウやカルーガなどの大型魚を追い、オホーツク沿岸でトドやセイウチの海獣狩りを行ない、シベリア平原でヒツジやウマの遊牧を手がけ、さらにシナ大陸を南下して揚子江沿岸で農耕にも取りくんだいろいろの証拠があるからだ（NHKスペシャル「日本人」プロジェクト編『日本人はるかな旅①』NHK出版）。

つまりそのころ、東アジアでいっせいに新石器時代人が活躍しだしたのだが、縄文人もその一派とおもわれるのである。

他からも来たか

しかし、日本列島の縄文人はバイカル湖からやってきた彼らがすべてではなかった。その後も地球気候の変動にともなって、列島の北から南から、たくさんの人々がやってきた。

たとえば『古事記』や『日本書紀』（以下『記紀』と書く）、さらに肥前国や常陸国の『風土記』などにツチグモ、クズ、クマソ、コシなどと書かれた人たちだ。戦前、歴史学者の喜田貞吉（一八七一～一九三九）が示唆《しさ》しているように（『先住民と差別』河出書房新社）、ツチグモやクズは八千年から六千年前ごろの気候が温暖に向うころにやってきた南方系の漁民たちか、とおもわれる。コシも北方起源説もあるが、エミシと対決したことから南方からきたものだろう。

つづいて『記紀』に多く登場する北方からきたエミシがある。ヒラ族あるいはヒナ族ともいわれ東北に拠点をおいたが、信濃も「ヒナ野」の転訛した地名とされる（松岡静雄『日本古語大辞典』刀江書院）。またアイヌもその一族とみられ、五千年前の地球気候が寒冷に向うころにやってきた北方系の狩猟民だったろう。

また出雲族がある。朝鮮半島からきたとみられるがその詳細は不明だ。ただしその一派にキ族があり、紀伊のほか、隠岐《おき》、壱岐《いき》、伯耆《ほうき》、安芸、讃岐、磯城《しき》、佐紀、葛城などの地名を各地に残している（前掲書）。

ほかにアマ族がある。民俗学者の宮本常一（一九〇七～八一）は、アマ族には古くからこの国にいた住吉族のほかに、揚子江の南から東シナ海の沿岸や朝鮮半島に沿ってやってきた宗像《むなかた》族、大山積神を奉じる人々、さらに南九州由来の隼人《はやと》族などがいるという（『日本文化の形成』講談社学術文庫）。うち宗像族は土地に定着して海人《あま》郷をつくったが、隼人族などは定住しなかった。といったように、一口に縄文人といってもその出自はいろいろなのだ。

そしてかれらがみな違った部族を構成していたことは、弥生時代にこの国にやってきて支配者となった天《あま》つ神《かみ》族との関係をみるとわかる。アマツカミ族は、ある縄文部族とは混血し、ある縄文部族は放逐《ほうちく》し、ある縄文部族は殺戮《さつりく》したからである（『記紀』）。

そういう多部族さらには多民族の集合の結果であろう、今日の日本人の遺伝子を調べると、朝鮮民族や漢民族などよりもはるかに複雑な混血がみられる、という。

このような「複数の縄文人の関係」について興味深い説をとなえた人に言語学者の松岡静雄（一八七八〜一九三六）がいる。かれは越にかかる「ヒナザカル」や鄙《ひな》にかかる「アマザカル」という枕詞をそれぞれ「ヒナ離《さ》かるコシ」「アマ離かるヒナ」と解し、コシ族はヒナ族を避け、ヒナ族はアマ族を避けたとした。つまり、始め日本列島の中央にいたコシ族は後来のヒナ族に追われて近畿山間部や九州、越の国などに逼塞《ひっそく》し、そのヒナ族もまた後来のアマ族に追われて東北や本州山間部に追いやられた、とみたのである

（『日本古語大辞典』）。

さらに彼らの関係を「顔相」から考察した人がいる。商社マンとして世界各地で活躍した坂元宇一郎（一九二二〜）だ。彼は世界のどこに行っても日本人と同じ顔の人間がいることに気づき、そこでいろいろ考えた結果「その昔、彼らの祖先が日本にやってきたのだ」とおもうようになった。そうかんがえると、世界各地に日本人と同じ顔があるのも了解できる。そこで「顔相学」なる研究を始めたのである（『顔相と日本人』サイマル出版会）。氏によれば、日本人の顔相の典型は「しもぶくれ」「ひし形」「まる型」「下駄」「うりざね」だという。わたしは、それらの顔を過去一万年の日本人口とそれぞれのルーツとを重ねあわせて一つの図にしてみた（三十三頁参照）。一つの試論としてご覧いただくと、縄文人にもいろいろの種類があったことがご理解いただけるだろう。

しかし一般に考古学者は「物」は調べるが、「人」のことはあまり考慮しない。一万年間この国に住んだ人々を「縄文人」といって十把《じっぱ》一絡《ひとから》げである。考古学と歴史学の連携不足というほかないだろう。

ただ考古学者がそういう行動をとるのも無理からぬところはある。縄文人にいろいろの出自があっても、彼らが残した遺跡や遺物はみな非常に似通っているからだ。

というのも、ひとたび日本にやってきたらその出自の如何《いかん》にかかわらずこの国の特異な風土に従って生きていかなければならなかったからである。ために日本列島上陸以後は、みな同じような生活行動をとったとおもわれる。先の「竪穴住居」のような話だ。そうしてこの国の風土に従って生きていくうちに、しだいに「日本人」が形成され「日本人は単一民族」といわれるほどのアイデンティティをもつようになったとおもわれる。とすると、縄文のことを知るのにとくに大切なのは、日本というこの国の風土の考察ではないか。

どこに住んだか

では、その日本の特異な風土なるものをかんがえよう。

まず、外来民たちがこの島国にたどりついたとき、彼らはいったいどこに住んだのか。少なくともいまから四千年前から九千年前の間は、今日の関東平野や大阪平野などの大平野のほとんどが水面だった。多くの盆地も大方が湖沼だった。そういう低湿地帯は害虫や病原菌が多く、とても人間が住めるところではなかった。またそこは、常時、地滑り、山崩れ、土石流、洪水、高潮、津波などの危険にさらされていた。

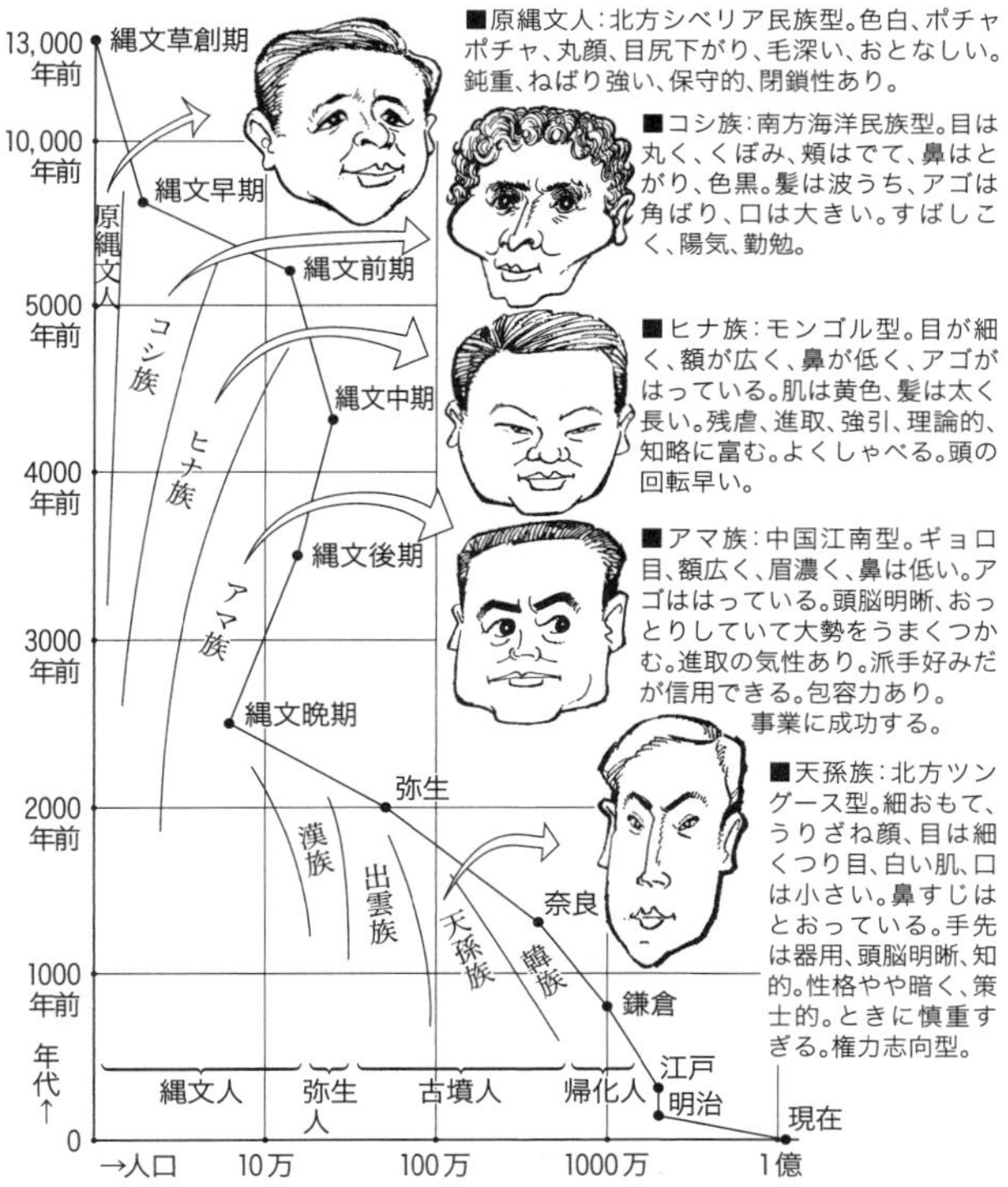

1万3000年の日本人口と日本人の顔、ルーツなど

坂元宇一郎『顔相と日本人』を元に筆者作成

（拙著『小国大輝論』より転載）

さらに日本列島そのものが、アジア大陸と太平洋のあいだにあるために暴風雨を始めとする気象変化が激しく、間氷期になってからは環太平洋地震帯の活動も活発化し、地震・噴火・津波などの災害が多発した。じっさい世界中の火山四百五十ほどのうち日本列島にはその四割の百八十六も集中している。うち六十ほどが活火山ないし休火山だが、それらの大部分はここ一万年の間に噴火したといわれる（湊正雄他『日本列島』岩波新書）。

そういう過酷な風土にあって、人々が住むことのできたのは残るところ山しかなかった。彼らがユーラシア大陸の北からきたか南からやってきたか、狩猟民だったか漁撈《ぎょろう》民だったかを問わず、渡来してきた彼らはそれまでの部族集団を解体して少人数に分かれ、海の近くの尾根や丘陵の高みなどに細々と住まざるをえなかったのである。

しかし、そういう小集団が生きていける条件が、じつはこの国土にはあった。それは四季の変化と多様な動植物の存在だ。そこで人々は山海にすまいを中心として半径三キロメートルぐらいの小さなテリトリーをつくって、そのテリトリーのなかに育った四季の山幸・海幸を手に入れて生きていった、とおもわれる。

そのばあい、日常の食糧収集は女が主導権をもっただろう。女たちはそのテリトリーで木の実を集めたり、貝を拾ったり、罠や落とし穴をつくったり、簗《やな》や筌《うけ》などを仕掛けたりした。じっさい昭和五十一年に盛岡市莉内《しだない》で魞《えり》跡が発見されている。そういう罠や落とし穴で獣をとり、簗や筌さらには魞や簀立《すだて》などで魚をとるのは、行為としては狩猟・漁撈というより採集に近い。力仕事より知恵仕事だからだ。いまでも瀬戸内海では真鯛のことをサクラダイとよび、甲烏賊《こういか》のことをハナイカとよぶ。桜の咲くときにとれるからだ。そして女たちは季節季節を知って蛸壺を始めいろいろのワナ漁を仕掛けただろう。そういう跡が残りにくいから、今日あまり問題にされないだけである。

しかし「農耕中心史観」からすると、採集は狩猟・漁撈よりさらに原始的な生産行為とされるが、その採集が縄文時代一万年の人々の生命を支えたのだから、そういう知的行為はもっと評価されてもいいものだ。考古学者の小林達雄も「縄文時代には、飢饉といった危機的状況はまったくなかった」といっている（『縄文人の文化力』新書館）。

じっさい、気候変動の年などは、さらに土を掘って草の根を取ったり、海に潜って海藻を千切ったりなどしただろう。また網や延縄《はえなわ》などにも工夫をこらしたとおもわれる。そうして多数の獣、魚、貝、数えきれないほどの木の実・草の根・果物・山菜などの食糧資源を獲得したのである。これらがその後の日本人の食べ物の豊富なレパートリーにつながるが、それも彼女たちがこまごました知恵を働かせて小生活集団の生きる道を拓《ひら》いたからだろう。

ここにわたしは豊かな大陸での単純な農耕作業にたいして、貧しい山海における創意工夫をこらした人々の生き方をみる。日本人の職人精神の原点といってもいい。またそういう貧しい土地から縄文人の「自立自営の精神」も育まれていったとおもう。

しかし、そのような山地分散居住の結果、縄文人の世界には大陸の大平原に発達した沃野《よくや》も王国も、都市も神殿も、大学もマーケットもつくられなかった。縄文人の生活空間は、無数の水玉のようにこの国土の上にただ拡がっていっただけであった。

だが、人々の拠った生活空間がたとえ小さな水玉であっても、人々はすべてその水玉の主人公であった。チグリス・ユーフラテスなどの広大な王国の人々が「大企業の高級サラリーマン」だとしたら、水玉の彼らはさしずめ「零細企業の社長」だったのである。

そしてその「零細企業の社長たち」にあったものは、自立自営の精神だった。このことは十分に銘記されていいだろう（『小国大輝論』）。

どんな集落をもったか

沃野も王国も、都市も神殿も、さらには大学もマーケットもなかった、といっても、縄文人の間の物資の流動はものすごく激しかった。人々の移動はとても盛んだったのである。たとえば、緑色の美しい硬玉であるヒスイの原石は日本では新潟県の姫川上流でしか採れないが、加工されたヒスイ玉は全国各地の縄文住居址《あと》から多数発見されている。ヒスイ玉は日本列島にひろく流通していたのだった。

ではそういう流通がどうしておきたのか？　その問いに答えるためには、彼らの居住集団の中身を知らなければならないだろう。

考古学者は一般に、縄文人の居住地を村とみる。血縁社会ではなくて、今日の村にも似た地縁社会である。また、その村のなかの住居群や墓地群がしばしば二つに分かれるケースがあることから「部族などが二つに分かれて半族を構成し、半族のあいだで通婚がおこなわれた双分制社会ではなかったか？」などともする。

しかしわたしは、それはアメリカ北西海岸のハイダ族やオーストラリアのアボリジニなどのように苛烈な大平原での部族の生き残り策だったろう、山海の幸により超長期の定住を可能にした縄文人にはそんな必要性はなかったのではないか？　仮にそういうケースがあったとしてもたまたま二つの居住集団が相接しただけだろう、とおもう。

というのも、そういう地縁社会そのものにいろいろ疑問があるからだ。たとえば五、六戸の家からなる「村」があったとして、始めのうちの三十年、五十年はともかく、それらが他人どうしの家々からなる村だったら、三百年、五百年たったらどうなるか？当然そこに家どうしの競争・格差・貧富・不和・離散などが起きてとうていいつまでも元の形を留めることなどできないだろう。二十戸、三十戸の半族の村も同様である。ところが、縄文人の集落は何百年、何千年と続いているものが多く、そこにはあまり変化がない。抗争などの跡もなく、ずっと「平和な村」だったようなのだ。つまり、超長期間つづくがほとんど変化のない集落を「村」といっていいのか？という疑問があるからである。

そこでわたしはアメリカの先住民、いわゆるアメリカ・インディアンの社会を調べたいとおもい、十九世紀の人類学者ルイス・モーガン（一八一八～八一）の著作を仲間たちと翻訳した（拙監修、古代社会研究会訳『アメリカ先住民のすまい』岩波文庫）。

その結果わかったことは、アメリカ東海岸で森林生活をしていたイロクォイ諸部族は文明時代の一歩手前、未開時代の前期の状況にあったが、その居住地はすべてクラン（氏族）という血縁で構成されていたことである。

クランはわかりやすくいうと親族社会で、祖母・母・兄弟姉妹だけでなく、おじ・おば・大おじ・大おば、いとこ・又いとこなどもふくむ血族の家だ。しかも百人をこすような大集団である。そこには他の氏族に属する嫁や婿もいたが、彼らは一時的に滞在するよそ者にすぎず「市民権」をもたなかった。そこでは何もかもその家の女たちが取りしきった。本格的な農業はおこなわれなかったが、トウモロコシをはじめとする食糧は潤沢で、縄や土器などの文物の発展もすばらしかった。そしてそういうクランはイロクォイ族にかぎらず、その他のインディアン部族にも共通していたという。

といったようなことを知ると、わたしは「縄文時代も同様ではなかったか」とおもう。おそらく縄文集落もイロクォイ族のような血族集落だったろう。そうでなかったら、先ほどのような長期間の持続などとうてい起こりえまい。他人どうしの村ではちょっとした誤解も疑心暗鬼を生んで不和対立に走るが、血族社会の家なら喧嘩があってもすぐ先輩が丸くおさめてしまうだろうからである。

じっさい、先にのべた沖縄では十三世紀ごろまで縄文的な生活がつづいたが、集落は村という地縁社会ではなく、たいていはマキョとよばれる親族集団だった（外間守善他『定本琉球国由来記』角川書店）。モーガンのいうクランである。

両者の符合を、たんに偶然といっては見過ごせないだろう。

どんな社会をつくったか

ところでそのイロクォイ族の社会には、じつは問題があった。

かれらは自立自営の生活を送っていて不自由するものはあまりなかったが、血族社会であるがために家のなかに若い男女の互いの伴侶がなかったことだ。

そこで男たちは、しばしば他の家の女たちのところに求婚に出かけた。なかには長期に女性の家に留まる男もいたが、そこはいまのべたようにその家の女性が支配していて男性の関与する余地はほとんどなかった。男は働きが悪いと、子供が何人いようと直ちに追いだされた。そして生まれた子供はすべて女の家に帰属した。

縄文の男たちも、同じように他の家の女たちへの妻問い、つまり求婚に出かけたことだろう。そしてそのとき見過ごせぬことがあった。というのは、男たちは食糧をはじめ石器や土器さらにヒスイ玉などを土産品として持参したとおもわれることだ。

ずっと後のこと、雄略天皇というから今から千五百年ほど前のことだが、彼が恋人の若日下部王《わかくさかべのみこと》を尋ねていく途中で白い犬を手にいれ、彼女の家へ行ったとき、これは今日、道で授かった珍しい物で妻問いの土産である、といってプレゼントをしている(『古事記下巻』）。そういう風習は縄文の昔からあって、天皇のツマドイにも引きつがれたのだろう。

しかもその縄文人のプレゼントはたんなる物ではなく、魂だったとおもわれる。というのも、今日、日本人の贈答品に多く熨斗《のし》がつけられるからだ。ノシはノシアワビの略だが、アワビは美味であるうえに栄養があり、そのうえ加工すると保存もきくから、昔から祭のときに神さまに供える神饌《しんせん》とされた。そのアワビが縄文土偶にしばしばみられるからである。

土偶というものは魂、すなわちタマを持つものの偶像である。タマとは、さきの沖縄のセジとおなじで超自然力をいう。だからイノシシの土偶はあるが、シカの土偶はない。縄文人は、強いイノシシにはタマがあるが弱いシカにはタマはないと見たのだろう。ところがアワビはしばしば土偶にされた。タマをもつからである。

人類学ではこのタマのことをマナといい、そういう行動様式をマナイズムという。南太平洋のメラネシア人のなかにひろくみられた生活慣習で、イギリスの人類学者ロバート・マレット（一八六六～一九四三）によって文明社会に紹介された（竹中信常訳『宗教と呪術』誠信書房）。今日、それは「万物に命がある」とするアニミズムより古い人類の宗教観念とされる。

それをわかりやすくいうと「宝石のように自由に受け渡しのできる霊力ないし超自然力」である。それを身につけているとものすごいパワーがえられる、とされた。いわば効力のあるお守りといっていい。そうして縄文時代に「男女の愛の交流」がおこなわれたとき、タマとされるような物資の流通もすすみ、また情報の交換もおこなわれたことだろう。おかげで辺鄙《へんぴ》なところに立地していた家々もみな孤立せずたがいに結ばれ、縄文社会なるものができあがっていったとおもわれるのである。

そういう物資や情報が流通した結果、竪穴住居に始まり石器や土器などをふくむ多くの生活物資、土偶や石棒の呪物などが驚くほど似かよったものになっていった。そうして、日本列島に共通の縄文文化が生まれていった、とかんがえられるのである。

もちろん社会が発展するにつれて分業や交易もすすんだだろうが、それらの背後にこういう男女の愛の交流があっただろうことは十分考慮されていい。

どうして一万年も栄えたか

しかし、彼らのあいだにそういう文化が生まれたとしても、縄文社会はなぜ一万年もの長期にわたって持続し、そして栄えたのだろうか？　実際のところ、一万年というのはとてつもなく長い時間である。

日本の歴史は、聖徳太子から数えて千四百年、弥生時代からかんがえても二千五百年。またシナの歴史は四千年、古代エジプト王朝の歴史は五千年といわれる。すると一万年ものあいだ土器や竪穴住居をはじめとする一定の文化がつづいたのは稀有のことだ。

その原因としてかんがえられるものに、じつは先の妻問婚がある。

一般に同棲をともなわない妻問婚は一過性のものである。だから女に子供が生まれても、男は自分の子供を認知できない。一方、女は父親が誰であれ、生んだ子供はすべて自分の子である。ために、みな自分の手許《てもと》において育てる。

そこで子をもつ女たちは、いつも食糧の採集・捕獲に明け暮れた。いつ来るかわからない男など当てにならないからだ。そこで川に簗や筌をしかけ、海に簀立や蛸壺をおき、動物の通り道に罠や落とし穴などをつくって魚や獣を獲った。イノシシ狩りなどはいまも沖縄の祭で巫女《みこ》たちが再現してくれている（拙著『一万年の天皇』文春新書）。

一方、男たちに子供はなく、ツマドイをしたあとは熊を狩ったり鯨を獲ったりするようなグレート・ハンティングで憂さを晴らしたことだろう。それはいまも狩猟時代の習俗を色濃く残しているカナダのイヌイット部落で実際にわたしが見たことだ。「カリブーが来た！」という情報が部落にはいると、入院中の男たちまで血相を変えて銃をもって狩に出かけたのであった。

そうした社会では、母子のあいだには親子の関係が成立して互いの絆《きずな》も強かっただろうが、しかし子供には父というものがなく、したがって父子の関係もなかったのである。

その結果イロクォイ族の氏族つまり家の祖先は母から母へと遡り、最後には「一人の仮想上の共通の女性」（『アメリカ先住民のすまい』）にいたる。彼女がその家の最初の祖先であり、家中の人々の尊崇をあつめている。そういう家の元祖とでもいうべき女性を「元母《がんぼ》」と名づけるなら、考古学者のあいだで謎とされている土偶もそういう元母ではなかったか、とわたしはおもう。

そこで重要なことは、すると縄文社会は母系制社会だった、とおもわれることだ。それは「まえがき」でのべた鳥越憲三郎の指摘につながるものである。

では、母系制社会がなぜ重要か、というと、父系制社会ではしばしば力の強い男が多数の女を抱えてたくさんの子供を生ませ「血族王国」を構築したがることだ。その結果、権力をめぐって男どうしの争いが始まる。またそれぞれの子を産んだ女どうしの争いも始まってことはいっそう深刻になる。

　ところが母系制社会では、そもそも男に子供がない。また一人の女の産む子供の数も限られ、また女は子供を分け隔《へだ》てなく育てるから争いも起きにくかったとおもわれる。その結果、母系制社会の母たちはすべての子供とその子孫の安寧を願い、ために血族集落つまり家は持続され、社会は安定したとおもわれる。

　そういったことは縄文集落のテリトリーの小ささとその一定さからも推測できる。それはいずれも個々の女たちの行動範囲にあるものだからだ。もし父系制社会なら、そこでテリトリーをめぐって男たち、あるいはその子供たちのあいだで争いが始まり、テリトリーの拡張と分裂が起きたことだろう。

　こうして母系制社会のもとで人々は家を持続させた、それが安定した社会の形成につながったとみられる。縄文社会に大きな争いも戦争もなく、一万年以上も平和がつづいた秘密はこの母系制社会にあった、とおもわれるのである。

そしてどこへ行ったか

　では、そういう平和な縄文社会は今日どうしてなくなったのか？　彼らはどこに行ってしまったのだろう。そして、彼らの代りに弥生人が現われたとでもいうのだろうか？ それについてはいろいろの説がある。たとえば「大陸から新たな人々がやってきて縄文人を滅ぼし弥生世界をつくった」とか、「縄文人が弥生人になった」などである。しかしそういう問題は、じつは縄文社会を念頭において『記紀』を読むとよくわかるのではないか、とわたしはおもう。

もっとも「『記紀』は大和朝廷のでっちあげ」としその信憑《しんぴょう》性を疑う人がいるが、もしでっちあげなら成立当初からいろいろの異議があったことだろう。そのころは豪族や大氏族が雲のごとく存在していたから、律令史官もいい加減なことは書けなかったはずである。

じっさい、斎部広成《いんべのひろなり》は『記紀』の成立に関与した中臣《なかとみ》氏の専横に抗議して『古語拾《しゅう》遺《い》』を書いたが、しかしその内容は大筋において『記紀』とあまり違わない。したがって『記紀』の大筋も、当時の天皇や史官が捏造《ねつぞう》したとはおもえないのである。

そこで『記紀』をみる。すると、まず「伊邪那岐《いざなき》・伊邪那美《いざなみ》神話」がある。

この二人の前後の行動をみると、男のイザナキを弥生人または古墳人に、女のイザナミを縄文人に解すると納得のゆくところが多い。たとえば二人が「天《あめ》の御柱《みはしら》」をまわって出会い、イザナミが最初に声をかけたら不具の子が生まれた。そこで天の神に伺いをたてたら「女が先に声をかけたのがよくない」というので、改めてイザナキが最初に声をかけたら、無事、国生みができたとされる。

これを縄文の母系制社会から弥生または古墳の父系制社会、あるいは父権社会への移行とみるのはうがちすぎだろうか？　すくなくとも、女性がリードしていた社会から男性のリードする社会への動きと見ることはできるだろう。

またイザナキとイザナミの国づくりの最中にイザナミは火の神を生んで死に、黄泉比良坂《よもつひらさか》の奥の黄泉《よみ》の国へ帰ってしまうが、その比良坂のヒラはヒラ族にも通じる。

というのも今日、イザナキ・イザナミを祭る加賀の白山比咩《しらやまひめ》神社の山上に平坂、山下に平河《ひらか》（今は手取川と改名）、河口に平加という町があるからだ。加賀にはヒラのつく地名が多く、ためにヒラ族の根拠地とみられ、そのヒラ族はヒナ族すなわちエミシであり、縄文人とかんがえられる（拙稿「越の国になぜ『加賀』か？」「社叢学研究」第八号）。

また、その黄泉の国をみると、そこは雷神つまり「火の神」たちが跳梁《ちょうりょう》する世界である。それは沖縄の旧家の地炉や、遡って縄文の竪穴住居の炉の世界を彷彿とさせる。というような状況をみてくると、イザナミは縄文人とおもえるのである。

さて「弥生人」のイザナキは「縄文人」のイザナミと別れたあと、海辺の河口で神生みをし、天照《あまてらす》、月読《つくよみ》、須佐之男《すさのお》を生む。ここでイザナキを弥生人というわけは、イザナミと将来人口をめぐって争い「一日に千五百人生む」などと強烈な生産信仰を宣言するからだ。そういう「強烈な生産信仰」は父系制社会のもので母系制社会にはみられない。女は社会の発展より家の持続を願うからである。

そのイザナキが一人で神生みをした、といっても男が子供を産むはずもない。アマテラスのばあいは、生まれた場所が海辺であり、またアマテラスという名からしてもそこにアマ族の女が介在したことがかんがえられる。

つまりこれは、イザナキに代表される天つ神族が始めイザナミに代表されるエミシ族と提携したが、のち喧嘩別れをしてアマ族と再提携した経過とかんがえられるのである。とすると、血統としてはアマテラスは縄文人である。

というように読み解いていくと『記紀』全編は、大陸から進攻してきたとみられるアマツカミ族のちの天孫族が、先住していた縄文諸族のうちのアマ族と親縁関係をもって日本の国を創った話とみることができるのである。

その結果アマテラスは伊勢に祭られたが、しかし宮中に祀られる皇祖神八神のなかには入れられていない。明らかにアマツカミの祖先神である高木神などとは差別されているのである。それも縄文人との混血というその出自のせいだろう。

『記紀』にはいろいろの神話が書かれているが、それをこのように「縄文から弥生時代、さらに古墳時代にいたる物語」とみると意外によく解る。神話の謎も解けてくる、というものだ。

それをわたしの「強引な解釈」というのなら、先にのべた『記紀』や『風土記』などにたくさん出てくるツチグモ、クズ、クマソ、コシ、エミシ、ハヤト、アマ、キ、イズモなどの先住民たちをどう解するのか？　彼らが縄文人でなかったらいったい何者だろう。それぞれが天孫族と異なった関係をもった理由も何か？　じっさい、ツチグモ、クズ、クマソ、エミシなどは反抗して殺され、コシ、イズモ、キなどは僻地に封じこめられ、ハヤトは服属させられ、アマとは通婚しているのである。

以上のようにみてくると、縄文時代が終わったわけも理解できるだろう。つまりイザナミのように逃亡した縄文人もいたが、アマテラスのように弥生そして古墳時代の建設に主導的な役割を果した縄文人、今日風にいえばアマツカミ族とアマ族のハーフもいた。そのほか反抗して殺され、僻地に封じこめられ、服属させられた縄文人、さらにのちにのべる奥州平泉の藤原氏一族のように千七百年も抵抗しつづけて滅んだ縄文人もいた、ということである。

歴史の教科書などには、しばしばある時期に縄文人と弥生人とが一斉に入れかわったように書かれるが、実際には両者は長いあいだこの国土で併存していたのではなかったか。縄文人には統一国家がなく、それぞれ部族社会を構成して日本列島各地に散在していたから、彼らが突然消えるはずも、また一斉に変わるはずもないからだ。

しかしここではっきりさせておきたいのは『記紀』によると、その後の日本国家の基幹産業である稲作の重要性を認識し稲作国家建設を推進したのはアマテラスだったことだ。つまり今日につながる日本社会の形を創ったのは、じつはアマテラスなのである。

そのアマテラスが「天の岩屋戸」にかくれたとき、彼女を呼びもどすために人々が用意した品々は、シカの骨にせよ、サクラの皮にせよ、勾玉《まがたま》にせよ、真玉にせよみな縄文人の日用品だった。それら縄文人の使った品々の多くがその後の日本社会にも残ったし、いまなお多数存在しているのである。

そういう日本の歴史を、これから見てゆきたいとおもう。

一　山海に生きる

山海の民

最初に日本列島に来た縄文人の祖先は、シベリア大陸の「森の民」だった。かれらは一万六千年前まで、ダフリア・カラマツの森林が打ちつづくタイガに住んでいた。間氷期になると、かれらは南下を始め、バイカル湖付近で土器を発明し、アムール河を下るなかで漁撈をおこなうなど「川の民」になった。

そしてアムール河口に達すると、こんどはオホーツク海沿岸や沿海州などで海の魚を追いはじめた。細石刃の槍や銛《もり》で大型魚を獲る「海の民」である。

そういうなかで、陸続きだった間宮海峡をとおって樺太《からふと》にゆき、また冬季に結氷した宗谷海峡を歩いて北海道にやってきた人々もいただろう。かれらの一部はさらに筏《いかだ》や舟で津軽海峡をわたって本州に来た、と推測される。

それも十人、二十人といった少人数ではない。そういう少人数の冒険グループではたとえ目的地についたとしても、数年たったら消え去ったことだろう。また採集狩猟民にみられる三十人から百人ほどの遊動的居住集団である「バンド」ともかんがえられるが、しかし、それは一時的に形成されるものでしかない。その結束力も弱い。

すると、生活拠点を移すような大移動は、女子供、老人を引き連れた何百人、何千人という部族集団だったとおもわれる。そうでなかったら、新しい土地に適応して長くは生きていけなかっただろう。

そういうシベリアの部族集団が、とうとう本州までやってきた。

かれらの定住をしめす無文土器が、青森県の大平《おおだい》山元I遺跡で見つかっている。放射性炭素年代の測定によって、それは一万六千年前のものと推定されている。バイカル湖のものとほぼ同時期だ。

さらにもっとたしかな定住の証拠となる竪穴住居跡が、意外なことに南九州から数多く発見されている。たとえば鹿児島市の掃除山遺跡から二棟の竪穴住居跡が見つかり、ほぼ一万二千年前のものと推定されている（岡村道雄『縄文の生活誌』講談社学術文庫）。

南九州はたしかに気候が温暖で森林も早く生まれたからだろうが、しかしかれらがどこから来たかはわからない。旧石器人の細石刃と縄文人の磨製石斧《ませいせきふ》の両方を持っていたり、また魚を食べなかったりしたことなどから旧石器人の生き残りともみられている。また沖縄の具志頭村《ぐしかみそん》の石灰岩の採石場から一万七千年前とみられる人骨も発掘されているから南方渡来もかんがえられるが、いまのところ不明である。

ただ、本州北端にたどりついた縄文人たちは、その後日本列島を南下していったことだけは確かだ。目的は列島の河川を遡上《そじょう》するサケ・マスの捕獲にあったとおもわれる。日本列島の沿岸地帯は大小の魚が密集する漁業のメッカだが、そこにある無数の河川もまたサケ・マスの安全な産卵場であった。急流のために他の魚が遡上できないからだ。

そういうサケ・マスの漁場は本州の日本海岸の全部と、青森から千葉までの太平洋岸にあった。海の民の縄文人がそれらを見逃すはずはなかっただろう。そうして各地の河口を占拠したかれらは、危険の多い低湿地帯を避けて近くの山の尾根などにすまいした。それら尾根の回りは森林だったから、かれらは漁業資源だけでなく木の実やキノコ、山菜などの森林資源も食料にした。そのために土器をつくって煮炊きをはじめただろう。

こうして安定した食料をえてかれらは定住し、縄文人になったとかんがえられる。最初の縄文人の拠点はこのような海岸地帯の山の尾根や丘陵だったとおもわれるのである。

わたしはこういう縄文人を平地民ではもちろんなく、かといって山地民でもなく、かれらの生活様態から「山海民」と名づけたい。山海民という言葉は辞書にはないが、文字どおり山の幸と海の幸で生きる人々のことだ。縄文人の大きな特色といっていい。

お節料理は縄文料理

縄文人の山海民的な生き方は、今日の日本人にもつながっている。先にのべた日本料理もそうだが、日本人の食事の基本がいまも山幸と海幸だからだ。

それは正月のお節料理をみるとよくわかる。

いまはだいぶん変わってきたが、昔のお節料理はふつう四つ重ねの重箱に入れられた。もちろん地域差はあるが、江戸時代以来の風習によると、一般に一の重には数の子、ごまめ、黒豆、叩きゴボウ、二の重にはカマボコ、きんとん、キンカン、三の重にはアマダイの西京漬け、ヒラメの昆布締め、フナの雀焼き、四の重にはヤツガシラ、レンコン、クワイ、シイタケ、タケノコの煮物などが盛りこまれた。

これらはいずれも山海の珍味だが、考えてみればみな「縄文料理」なのだ。もっとも正月料理のうち雑煮の餅は縄文時代にはなかったが、しかし各地に「餅なし正月」や

「イモ正月」などがあったのをみてもわかるように、民俗学者は「穀物の餅は新しく、里芋をつぶした芋餅のほうが古い」という（上山春平他『続・照葉樹林文化』中公新書）。そうなると、正月料理はみな縄文料理である。

そうしてこれらの料理を食べると、豊作、健康、安産、子孫繁栄などの幸せがえられると人々は信じてきた。昔、九州では、これらを神人共食する直会《なおらい》といったそうだが、正月料理はまさに「神人共食料理」だったのだろう。

じっさい、お節のセチは「節句《せちく》」のセチで、もとは正月、桃の節句、端午の節句、七夕など節日《せちにち》の儀式に出される料理をさした。それが江戸時代以降、庶民の正月料理となり、国内外からいろいろの食料品がやってくる今日もなお盛んである。

もっとも昨今は、お節料理は「不味《まず》い」とか「冷たい」などといわれて若い人たちに人気がないようだが、それでも多くの日本人は、お節料理を食べないと正月がきたようにはおもえないのである。

正月にお節を食べて日本人は「山海民」に還るからだろう。古人もいっている。

元日や神代のことも思はるる　（荒木田守武「真古蹟」）

山海の幸は森の幸

ただ、その山海民を育んできた山の幸や海の幸も、厳密にいうと、じつは「森の幸」である。

西欧の山には一般に森がなく、したがって昔から西欧人は山々を悪魔の巣窟《そうくつ》のように怖れてきた。しかし日本の山は麓《ふもと》にたくさんの神社があるように、山々は人々から神さまとして崇められてきたのである。それも日本の山々には森があるからだ。

その山々の森で木々は実をつけ、草々は根、茎、葉、花を育て、それらを食べるために鳥や獣がやってくるだけでなく、森の大地が貯えた川や沼の水のなかには各種の魚が生育する。それらがみな森の幸になるのだ。

海の幸も同様である。日本列島の山々の森の土壌では、生命を終えたそれらの有機物が分解されて珪酸塩、リン酸塩などの栄養塩類になり、大量に海に流れでてプランクトンを生み、大小の魚を育てているからだ。

そういう意味では山幸・海幸といっても、その元は森の幸である。日本列島に森林があることにわたしたちはあらためて感謝しなければならない。

ところが、じつはその森の歴史は新しいのだ。縄文人の祖先が日本列島にやってきたほぼ同じころに形成された、という。そのころまで日本列島には今日みるような森はなかったのである。

いまからおよそ一万八千年から一万三千年前ごろのヴュルム氷期の最盛期から終末期にかけては、日本列島のうち東北南部から西にかけては森があったが、北海道と東北北部はツンドラ地帯で、九州北部はシナ大陸から飛来した黄塵《こうじん》万丈の世界だった（鈴木秀夫『氷河時代』講談社現代新書）。

またそれら本州の森も、地層のなかから発見される化石化した花粉の分析によれば、東日本はエゾマツ、コメツガなどの亜高山帯針葉樹の疎林《そりん》、西日本は五葉《ごよう》マツなどの針葉樹の疎林とミズナラなどの冷温帯落葉広葉樹の混合林だったという。いずれもしょぼくれた森で、今日、東日本にみられるようなブナやナラなどの暖温帯落葉広葉樹林、西日本にみるカシやシイなどの照葉樹林の大森林には及びもつかない。

するると、現在のような豊かな森林があらわれたのは一万三千年前の間氷期のころのようである。それでも北半球では日本の森林形成はどこの国よりも早かったという（安田喜憲『森の日本文化』新思索社）。

では、なぜ氷河期の氷期に豊かな森林が形成されなかったのか。

ふつう氷期というと地球気温の低下ばかりがいわれるが、じつはもう一つ大切なことがある。それは一般に「湿度が低かった」ことだ。「低温低湿」、それが氷期の気候の特徴のようである。

では、なぜ低湿なのか。そして、低湿によって何が起こったのだろう。

まず地球表面の気温低下にともない南極や北極の氷が増殖し、海面がいまより百四十メートルも下がり、同時に海水温度も低下し、したがって海面からの水分蒸発も少なくなった。その結果、空には雲が少なくなり、ために雨があまり降らなくなり、すると地上は湖も川も枯渇し、森林も育たなくなる。氷期とはそういう時代だったのだ。

しかし氷期が終わって間氷期にはいると、海水温度が上昇し、海水が蒸発し、雲が空を覆い、雨がどんどん降るようになり、川は活気づき、陸上の草木は繁茂し、森林が形成されていった。それらを梅雨前線の北上、対馬海流の日本海流入、黒潮の太平洋岸接近が加速させた。そうして日本列島に梅雨や秋霖《しゅうりん》ができたのであった。

いいかえると、氷期のころは空気が冷たいだけでなく同時に乾燥もしていて、空はいつも青く、風も少なく、雨もあまり降らなかった。したがって河川も森林もあまり形成されず、ただ大陸棚に草原だけが無限にひろがるような清涼な世界であった。一部では黄塵が舞っただろうが、大部分は「地上の楽園」だったようだ。

ところが間氷期にはいると気温も水温も上昇し、海水が蒸発して地球は蒸し暑くなり、おかげで各所に森林は形成されたが、一方ではしばしば大風が吹き、大雨や大雪が降り、なぜか環太平洋の火山活動も活発になって地震や津波が頻々としておき、それら異常気象のたびごとに山が崩れ、谷が埋まり、川は洪水となり、盆地や平野に何十メートルもの土砂が厚く堆積していった。「地上は地獄になった」というべきか。

いずれにせよ、そういう時代に縄文人たちは日本列島にやってきたのであった。とすると、森と縄文人はどちらが先ともいえずいわば同時発生的なのである。そして同時発生したその森と縄文人は、この「地獄の日本列島」をその後一万年以上も共に生きぬいてきたのだった。

縄文人が山海民であるとどうじに「森の民」である、と考えられる理由である。

いまも日本は「マダラの森」の国

じつは「日本人が森の民である」という事情は、今日もあまり変わらない。

たとえば飛行機にのって日本列島を上から眺めると、窓の下は往《ゆ》けども往けども山である。その山々は一面の緑である。森だ。また統計をみても日本の国土面積の七割ほどを山が占める。その日本の山にはみな木がある。森である。日本人にはそういう実感がないかもしれないが、空からみても統計上も日本は「森の国」なのである。

じっさい国土の七割を森林で覆われている国は世界にそれほど多くない。ヨーロッパでは、国土の七十四パーセントを森林が覆うフィンランドぐらいだ。ドイツもアウトバーンを走ると森の中ばかりで「森の国」と実感させられるが、調べてみるとドイツの森林面積は国土の三十二パーセントしかなく、森林が国土の六十八パーセントを占める日本には及ばない。

そういう森の国の日本だが、じつは問題がある。それらの森がみな山にあることだ。たとえばアメリカやヨーロッパの地図をみると、一部の山岳地方を除いて国土の大部分が道路でべったり覆われている。いいかえると、かれらの生活空間は大平原に網の目のようにある。これにたいして日本の地図は、網の目状の道路地帯は一部で、道路の乏しい空白地帯がたくさんある。国土の多くが山間の交通途絶地帯や間道地帯になっているからだ。道路網は極端にいえば水玉状にしかない。

ために大都会はともかく、普通の町では隣町へいくとなると「どの道を通ろうか？」などと一瞬、思案する。隣の県へいくとなると、もう大変だ。

昔レンタカーでフランスを旅行したとき、とある町のホテルで部屋がとれず、しかたなく近くのホテルを紹介してもらった。ところが、近くといってもそれは直線距離で三十キロメートルもあった。その間に高速道路もない。びっくりしたが車を走らせると二、三十分でついてしまった。日本で直線距離三十キロメートルというともう隣県で、そこまで行くのに一時間以上もかかるだろうが、彼らにとって三十キロは隣町感覚だった。

それは、いわば「蜂の道」と「蟻《あり》の道」の違いといえる。

たとえばわたしの身体が樹木だとし、わたしの指先に蜜があったとして、蜂がその蜜をとろうとすると、どこからでも四、五メートルほどで飛んでくる。蜂の道だ。ところが地面に蟻がいてこの蜜をとろうとなると、まず地べたをゆっくり歩き、わたしの靴、ズボン、上衣にとりつき、さらに腕から指の先まで伝っていかなければならない。蟻の道である。

蜂は羽があるから「ユークリッド幾何学的空間」として一直線に飛んでゆけるが、蟻はこのようなグジャグジャの「非ユークリッド幾何学的空間」を歩まなければならない。

つまり、フランスの大平原は均質な空間であるのに、日本の国土は海あり、川あり、山あり、森ありといった不均質な空間であることがその違いといえる。

話は少々脱線するが、東京の地下鉄などもその最たるものだろう。地下に潜ってしまうと方向感覚が失われ、そのうえ乗り継ぎ乗り継ぎで訳の分からないところをテクテクと歩かされる。「地下テク」といわれる東京の地下鉄は蟻の道の典型といっていい。

そういう非ユークリッド幾何学的空間をわかりやすくいうと斑《まだら》である。国土の生活空間がマダラであるから、地図の上では近いとおもっても実際に行ってみたら遠いことがしばしばある。遠いどころか、ときには迷ってしまう。

「縄文人は山を下り、平地に住んで現代人になった」とかんがえられ、今日、たしかに多くの日本人は平地に住んでいる。とはいっても、日常の小生活空間はともかく、ちょっと足を伸ばすと、わたしたちは縄文時代とあまり変わらない「蟻の道」をしばしば歩まなければならない。すると、わたしたちはいまも「森の中」に住んでいるようなものなのだ。

そういうことは外国にいって初めて実感する。日本の国土はいまなお縄文時代と同様「森」で、わたしたちは森に囲まれた「水玉」のなかで生活していることを、である。

二　日の出を遥拝する

「雨は一粒も要らん」

森を育てるものは雨であり、また太陽である。そのことを強く意識しているのは沖縄の人たちだ。歌にもいう。

昔初まりや
てだこ大主や
清らや照りよわれ
せのみ初まりに

世のはじめ
太陽の神よ
美しく照り輝け
天地を開け

（『おもろさうし』第十・五一二）

テダコとは「輝《て》る男」である。太陽だ。

皇居の神殿には高木神つまり高皇産霊神《たかみむすび》を始めとする天皇家の神「八神」が祀られているが、そのなかに太陽神はない。太陽神のアマテラスは、昔、宮中に祀られていたが、四世紀のころに外され、いご紆余曲折《うよきょくせつ》があったが最終的には伊勢神宮に祭られている（「垂仁紀」『日本書紀』）。

ところが、かつて沖縄の最高神女だったチフィウフジンと呼ばれる聞得大君《きこえおおぎみ》の御殿には太陽神と火の神が祭られていた。しかもそういう太陽信仰は、王や神女といった支配階級にあるだけではなく、一般庶民にもあった。八重山の民衆の古歌はうたう。

東から上がりおる大ムスン神
わが家の頂まで上がりおーれ
東から上がりおる大ムスン神
沖縄も八重山も照らしおーれ

ムスンは「産《む》す日」で太陽のことである（糸満盛信『日本太陽崇拝史』沖縄関係資料室）。

すると、太陽信仰はもともと庶民信仰であり、それがのち支配者の信仰になったのだろう。

あるとき沖縄の漁師たちといっしょに船で沖にでた。するとそのうちの一人が真剣な顔をしてわたしにこういったものだ。「沖縄の漁師は雨は一粒も要らん」

かれらにとって雨は最大の敵である。漁師が小船で沖にでて漁に熱中しているとき「空が曇りだしたら警戒警報、雨が降りだしたら空襲警報」という。じっさい雨がポツポツ降りだすとしだいに陸地が霞んでくる。やがて船がはげしく揺れだす。すると磁石も役に立たない。漁師は何もかも放ったらかして陸地めがけて一目散に飛んで帰る。それは「現在も変わらない」という。いったん陸地を見失うと、沖縄をとりまく東シナ海や太平洋の早い潮流に巻きこまれてそれこそ一巻の終わりになるからだ。

しかし、いくらなんでも「雨は一粒も要らない」というのは大袈裟《おおげさ》だとおもったが、じつはかれらは専業漁師だった。なるほど専業漁師なら雨はいらないかもしれない。するとかれらはいまも「縄文人」ではないか？

わたしは太陽を恋い慕う沖縄の海の民に、縄文人の姿を見たのだった。

生物学者の日沼頼夫（元京都大学ウイルス研究所長）はＡＴＬウィルスという変わったウイルスを研究していて、その保持者は今日世界で、沿海州からサハリンにかけての住民と日本人に多いという。また日本国内をみると、北海道、九州、沖縄に多く、ほかに海岸地域や半島、離島などに多数いることを明らかにしている。そしてそれらの地域はみな漁撈活動の盛んなところで、そのほとんどは、かつての縄文人の活動域だった。

ＡＴＬウィルスはともかく、このことからも縄文人が「海の民」だったことはよくわかる。そういう海の民の縄文人にとって、太陽は絶対の存在だったのだ。

旬を見るのが天皇の仕事

それはまた海の民の縄文人にかぎらなかった。陸の民の縄文人にも太陽遥拝《ようはい》が欠かせなかったからだ。

たとえば、いまから七千年ほど前の縄文前期から後期にかけての縄文集落には環状のものがある。尾根筋などの見晴らしのいい台地の上で、五軒ないし十軒ほどのすまいが直径五十ないし百メートルほどの広場をドーナツ状にかこんでいるのだ。その広場の地下にはしばしば死者が埋葬される。

その広場は、周りに柵をめぐらせた子供たちの安全な遊び場だったし、犬も飼われていただろう。また女たちの木の実干しや土器づくりの場だったろう。とどうじにそこは周囲の山々を出入りする太陽の観測所だった、とわたしはみている。というのも縄文人は気温の高低を肌で知るぐらいでは、暦《こよみ》もない時代に各種の木の実が熟する時節も、多くの魚が来訪する時期もわからなかったとおもわれるからだ。そしてそれらの時期を正確に知らないと、自然採集民族の縄文人は生きていけなかったにちがいない。

そこで採集活動に勤《いそ》しむ女たちは、毎朝夕、広場の中心に立って廻りの山の端《は》から昇り、あるいは沈む太陽を見ただろう。それが一年の暦を知るもっとも確実な方法だからだ。

それも広場の中心の一本の木の下で行なわれたのではなかったか。というのも、いまも民間にミシャグジ神信仰というものがあるからである。それを祭る社《やしろ》が長野県を中心に全国に二千社ぐらいあるが、そのご神体は古樹の下の石棒などである（今井野菊他『古代諏訪とミシャグジ祭政体の研究』永井出版企画）。諏訪大社の成立以前の信仰とされ、歴史学者の大和《おおわ》岩雄（一九二八〜）は「ミシャグジ信仰は縄文的」とまでいっている（『神社と古代民間祭祀』白水社）。そういう社は、集落の中や田んぼ、丘陵などにあるが、いずれも見晴らしのよい場所にあるところから、かつて縄文の女たちが天候観測した名残ではないか、とわたしはかんがえている。石棒はのちにのべるように「磐座《いわくら》」の代りであろうとおもう。

そうかんがえるのも、そういう天候観測の伝統はその後の日本の女たちにも引きつがれているからだ。

飛鳥時代のある梅雨どき、毎日、雨が降らず、ときの皇極女帝も雨乞いをやらない。困った大臣の蘇我入鹿が百済大寺でたくさんの坊さんを集めて読経をやったが一向に効き目がない。ところがしばらくして女帝が飛鳥の南淵というところで祈ったら五日間も雨が降りそそいだ、という（『日本書紀』）。なぜか？　女帝は雨の降る時を知っていたのだろう。雨が降る時に女帝は登場し、そして雨乞いをしたのである。

江戸時代に、田舎の一家の女主人はたいてい「観天望気」ということをやった。日や月や雲や鳥の動きを観、風や花や虫や花粉の姿を望んでその土地の明日・明後日の天気を知るのだ。カエルが鳴けば雨の降ることぐらい現代人も知っているが「ウソのメスは雨をよび」「アリは五日の雨を知る」ことはあまり知られていないだろう。しかし一生、里に住んでいる女にとっては、その土地で多くの経験を踏まえているからそれらは当り前のことだった。

あるとき「殿さまが来られる」というので、武士たちが隣村の天候をよく言い当てるお婆さんを呼んできた。お婆さんは籠《かご》から降りると真先に「〇〇山はどこにあるの？」と聞いた。自分の住んでいる村の山にかかる雲を見ないと、天気を言い当てられないのだ。天気はその土地の「文化」だったのである。

今日も日本の男たちはテレビのスポーツ番組に熱中するが、日本の女たちは天気予報を絶えず気にかけるのも、そういう伝統があるからかもしれない。

さて始めのうち、家の広場でなされたであろうこの種の天候観測行為が、のち家々を越えた「地域の観測所」でも行なわれるようになった。さらには天皇の重要な祭り事にもなっていったのである。

推古天皇のころ（西暦六〇〇年）に日本の使者が隋《ずい》の文帝に拝謁《はいえつ》したとき、文帝が日本の国情を問うたところ、使者は「王は天をもって兄とし、太陽をもって弟としております。天がまだ明けないときに王は政庁に座して政につき、太陽がでれば仕事を止めてあとは弟にまかせる、といって退きます」とこたえたという（『隋書東夷伝倭国』）。

それを聞いた文帝は「そんな馬鹿な！」と怒ったそうだが、じつはこれこそが日本の王の最大の仕事だったのである。推古天皇は朝早く政庁にでて東を向いて太陽を遥拝し、そうして「二至二分《にしにぶん》」つまり冬至・夏至・春分・秋分とそれからの日数を数えていたのだ。それも毎日が晴天とはかぎらないから一年中行なわなければならない。

そうして天皇は山から昇る太陽の位置を確認し、十日目ごとに臣下と政務を話しあった。それを旬といった。人々は天皇から旬日を教えられて一年の季節を知り、それぞれの生産労働に励んだのであった。

とすると、旬をみるのが天皇の仕事だった。であるから、内裏《だいり》の建物は中華思想を受けておおかた南面していたが、天皇の座所の清涼殿は東面していたのである。

なおこの天皇の太陽遥拝の記録は、敏達天皇六年（五七七）の日祀部《ひのまつりべ》の設置によって今日も確認できる。その宮跡が奈良盆地の他田坐天照御《おさだにますあまてるみ》魂《たま》神社として跡をとどめているからだ。それは冬至に太陽が三輪山から昇るのを望まれる位置にある。

日本の家は南向き

こうして天皇はいつも一年の季節を案じてきた。持統天皇もたえず山を見ていた。

春過ぎて夏来たるらし白妙の衣乾したり天の香具山　（『万葉集』巻一・二八）

それは縄文人や天皇ばかりではない。

ついこのあいだまで多くの日本の家々では、元日の朝に家族が庭にならんで一斉に太陽を遥拝したものだ。今日でも山男たちが高い山に登ったときには、夜明けの「ご来光」を拝む。

また日本人は、すまいの座敷やリビングが南面することを強く望んでいる。それは過去・現在を問わず、また一戸建てとマンションの区別をこえて家にたいする日本人の根強い願望である。もちろんそれは太陽の暖を得たいからだが、じつはそれだけではない。そこには、太陽に象徴される自然の気、つまり「空の明るさ、雲の動き、山々の色合い、木々の変化、風の香り、その湿り具合などを知りたい」という願望があるからだろう。だから日本のマンションにはかならずバルコニーがある。じつはそういうことは世界では珍しいのだ。欧米などでは「バルコニーは用心が悪い」といって付けないケースが多いぐらいである。

それはすまいだけではない。

日本の料理屋の座敷にはかならず庭がある。旅館も窓からの眺めを大切にする。

また欧米のレストランは壁面を絵画や彫刻などで飾るが、日本のレストランは窓を大きくとる。そして開店すると、欧米のレストランは中央の席から埋まっていくが、日本のレストランは窓側の席から満員になっていくのである。

それは太陽だけではない。万葉の歌人はたびたび月を歌ったが、それは恋人の来訪を待つためであった。月夜の晩でないと、恋人がやって来られないのだ。

明治に来日し、松江中学で教鞭をとった英文学者のラフカディオ・ハーン（一八五〇〜一九〇四）は、宍道湖《しんじ》の東の山々から月が立ち昇ったとき、湖上の漁民たちが舟の上で立ちあがって月に向っていっせいに柏手する音を感激をもって聞いている（平川祐弘訳『神々の国の首都』講談社学術文庫）。太陽とどうよう湖上の月もかけがえのない「自然のランプ」なのだ。

柳田国男は「以前は正月もやはり盆と丸半年を隔てた、春の初めの月の満月の宵であつた」（「先祖の話」『定本柳田国男集　第十巻』筑摩書房）という。正月は年に二回あったのだ。つまり夏至と冬至のあとの満月の夜である。ただし今の正月とはすこしずれている。とすると、正月を知るのも容易ではない。太陽と月の両方を見なければならないからだ。

なるほど、日本の天皇が毎朝、しつこく太陽や月を観測したわけである。

わたしの健康法

わたし自身も、かつて太陽の凄さを経験したことがある。

ブラジルの日系移民の集落調査で、大西洋岸のリオデジャネイロから内陸にある首都ブラジリアまで深夜のバス旅行をしたときのことだ。その夜明けに、バスのなかからブラジルの大平原に昇る太陽を見た。それは感動的なものだった。

まず、真っ暗な東の地平線のなかに一点の赤い火が見えた。つぎにその火から上空にむけて一本の細い火柱が立ち上がった。つづいてその赤い火の左右から何本もの火柱が斜めに立ち上がった。そしてそれらが大空に拡がって「火柱の扇のショー」を始めたのである。

しばらくすると、ようやく東の空全体が明るんでいったのだった。

わたしはそれをみて「日の丸から十六条の光線が放たれる日本の軍艦旗も、まんざら嘘ではなかった！」とおもった。

その光景を忘れられず、日本に帰ってからわたしは、自宅を改造して二階に東向きのベランダをつくった。ベランダの下は道路である。その向こうは平安時代の藤原一族の御陵でいまは丈《たけ》高い森になっている。そしてその先は山だ。

それからわたしは毎朝起きると洗面所で嗽《うがい》をする。一息四十秒を二回つづける。腹式呼吸だ。

つぎにシャワーの蛇口をもってベランダにゆき、夏でも冬でも裸になって水を浴びる。このごろ、冬はさすがに湯に変えている。そのあと、東の空の太陽にむかって柏手を打つ。一打目は低く、二打目は高く。それがあたりに鳴り響くかどうかは精神の集中力しだいである。

それを曲がりなりにも三十五年間続けている。続けているのは太陽のパワーを体内にとりこみたい理由によるが、じつはそのあと気持ちがよいからだ。

家人は「お父ちゃんの健康法」といっている。

三　土鍋を火に掛ける

旧石器人と縄文人の違い

縄文人は太陽を崇めるとともに、沖縄の古い家にみられるように火を「太陽の子」として大切にした。つまり縄文人は「火の民」でもあったとかんがえられる。

もちろん人類が火を発見し、火を自在にコントロールできるようになったのは縄文よりはるか昔のことである。いまから五十万年前に北京原人（シナントロプス）がすでに火を使用していたことは、一九二九年に北京郊外の周口店の洞窟内で焚火《たきび》跡が発見されたことによってすでに証明されているからだ。

したがって日本列島でも、縄文人の先輩である旧石器人はもちろん火を使用していた。それも照明や採暖だけでなく、料理やハンティングなどにも用いられた、とみられる。そういう意味ではかれらはすでに火の民であった。

にもかかわらずわたしが、そのあとに登場する縄文人をもって「火の民」と強調するのは、火の意味するところが旧石器人と縄文人とでは違うようにおもわれるからだ。というのは旧石器人もたしかに火を使用したが、それはもっぱら火の利便性に着目し、火を一種の道具として用いたものではなかったか？　ところが縄文人は火を道具にしただけでなく、火を「神さま」にした、とわたしはかんがえている。

そこが先住の旧石器人と後住の縄文人とを分ける大きな違いだっただろう。

炉の火が定住を約束した

では「縄文人が火を神さまにした」とはどういうことか？

それは、火が人々に定住を保証したことである。

それまでの旧石器人は大動物の移動にしたがって移動した。かれらの食糧はそれら大動物で、それらを失うとかれらは餓死したのだ。そこで必死になってかれらは大動物のあとを追い、アジア大陸から日本にまでやってきた。移動し続けることによってかれらは生存しえたのである。

しかし、そのためにかれらは大きな犠牲を払わなければならなかった。

その第一は脱落者である。若い男たちはともかく、子供・女性・老人たちにとって、絶えざる移動は辛いものだったにちがいない。なかには大動物の移動についていけず、途中で命を落とした者もたくさんいただろう。

第二は物質文化の制約だ。そういう移動に嵩張《かさば》る道具などをもっていけない。割れやすい土器などもってのほかだ。結局、移動を前提とするかれらの生活では物質文化の発達は大きな制約をうけた。のちの縄文人の大きな食糧獲得装置となる罠や落とし穴、筌、簗などを持ち運びすることはもちろん、住居や貯蔵穴などに創意工夫をこらすこともできなかったのである。

そして第三に社会の不安定さがあげられる。かれらの生活集団の基本は狩猟社会に共通の「バンド」とよばれるもので、食糧が豊かなときには一時的に百人をこす大集団になるが、しかしその社会は不安定でリーダーも一時的に擁立されるにすぎない。そして食糧が乏しくなると、バンドは家族ないし親族単位に分解する。すると、そういう小集団のなかには消滅していったものも多数あっただろう。

ところが、旧石器人のあとに日本列島にやってきた縄文人は、大動物ではなくじつは「大自然」を相手にする道をえらんだ。そこが決定的に違うところである。

そのためにかれらは部族やバンドを解体し、親族単位で海の近くの尾根筋などに割拠し、その地で女たちが火を焚き、男たちは火を絶やさないためのすまいを作り、そのすまいで囲まれた広場で子供と老人と犬が遊び、また女たちはそこで日々、天候を観測し、その観測にしたがってすまいの外の半径三キロぐらいのテリトリーで四季折々の葉っぱ、木の実、茎、根、小動物、魚介類などを採集し、それらを貯蔵穴に保存し、土を焼いて土器を作り、採集物を煮炊きし、不要となった物を貝塚に捨てて、日々、食糧と安全を確保しつつ大動物に頼らない生き方を獲得したとおもわれる。

つまり、定住を果たしたのである。

その結果、子供は元気に育ち、老人には休息が与えられ、女は家と里を管理運営し、男は妻問いを通じて部族集団と交流し、ここに母系制家族と地域連携社会が生まれ、長年月にわたって持続する縄文社会が創られた、とわたしはかんがえる。

それらを可能にしたものが定住という生活スタイルであり、それを実現したものが炉の火だったのである。

竪穴住居は「神さまの家」

縄文人のすまいは一般に「竪穴住居」とよばれる。昔は「室《むろ》」や「伏屋《ふせや》」といわれた。地面を掘りくぼめて床とし、その上に煙出しのある入母屋《いりもや》風の茅葺き屋根などをかけた半地下式住居だからだ。周りには水除けの土盛りもつくられる。

そのすまいは南側に入口があり、跳上げ式のムシロを扉としている。なかは十畳前後の方形または円形空間で、中央に炉が切られている。初期には地面を掘っただけの「地床炉《じしょうろ》」だったが、のちには「石囲炉《いしがこい》」があらわれる。地床炉は今日確認しにくいがその利用は尖頭《せんとう》土器を用いれば容易だったろう。もっとも屋外にも炉があって煮炊きの用に供されただろうが、屋内にも炉がなかったら、ものの煮炊きだけでなく、室内の照明も暖房もできない。茅葺き屋根なども四、五年で腐ってしまう。しかし炉ができると、炉の煙が火棚の肉や魚を燻製《くんせい》にし、家中の虫や黴菌《ばいきん》を殺し（楠本政助、『縄文生活の再現』筑摩書房）、オオカミなどの襲来も防ぐ。

また大切なのは、炉の火を埋火《うずみび》にして「床暖房」ができたことだ。竪穴住居の床下の地層からしばしば植物繊維などが発見されるが、それは埋火によって床を暖めたものだろう。植物繊維が保温効果をもたらすからである。

さらに屋外では粘土を焼いて土器をつくったり、狩猟に火を使ったりしたから、その埋火を種火としたのではなかったか。じっさい、雨の日や湿度の高いときに火打石や火《ひ》鑽杵《きりぎね》で火をおこすのは大変な仕事だからだ。

このようにして北は北海道から南は九州、沖縄にいたるまで、各地の風土を無視して竪穴住居という北方建築型の閉鎖式住居がつくられたが、それは人間の住居というより、人々にとって大切な火を雨や風から守る「種火の保存所」ではなかったかとおもわれる。じっさい「住居内ではあまり煮炊きが行なわれなかった」という報告すらあるぐらいだ。食物の煮炊き以上に、屋内の火は重要な意味をもっていたのである。

さて炉の奥をみると、そこにしばしば「祭壇」がもうけられ、立石などが祭られたようだ。石棒や土偶なども発見されている。これらも呪具または聖具である。

また住居の入口の床下にはしばしば埋甕《うめがめ》があり、死んだ子供が埋められたりする。それは墓地というより、その家の女の「母子結合」の思いの強さを示す絆だろう。竪穴住居は、わたしには母子結合のモニュメントのようにもみえる。

とみてくると、竪穴住居はたんなる人間の居住空間というより「聖なる空間」であり、その中心になるものが炉の種火である。とすると、種火は縄文人にとって「神さま」であり、不絶火は竪穴住居の本質をしめすものではないか。竪穴住居は縄文人の「神さまの家」になったとわたしはかんがえている。

縄文DNAがわたしたちの身体に残っている

以上のように、火を「神さま」というのはいかにも原始的だが、しかしそういう伝統はその後の日本の歴史にも受けつがれている。

たとえば、古くから日本の庶民の家の中心は囲炉裏だった。

通常、常居《じょうい》といわれる板敷きのリビングに大きな囲炉裏が切られ、その上に神棚がおかれて氏神が祭られる。神棚と囲炉裏はセットのものである。

その囲炉裏を土間側からみると、正面が一家の主人が座る「横座」または「上座」で、その横の入口側が客や婿の座る「客座」、その反対側が主婦や子供の「嬶座《かかざ》」となり、手前の土間側の木尻《きじり》が下男・下女などがいる「下座」である。

これらは、家という結社の要が囲炉裏の火になっていることをしめすものだ。沖縄で所帯のことを「煙」というわけである。じっさい囲炉裏をめぐるこの座順は絶対で、上位の客といえども横座に坐ることは決してない。

また今日の日本の都会の家をみると「DK」という言葉に象徴されるように、家の中心はキッチンとそれに付随するダイニング・ルームである。欧米のふつうの家ではダイニング・ルームとキッチンは区別され、さらに家の中心となるリビング・ルームがあるが、日本では今日、ＤＫつまりダイニング・キッチンが庶民の家庭生活の中心になっている。

現代の囲炉裏場である。

その現代の囲炉裏場すなわちＤＫも、とどのつまりはキッチンの火だ。というのも欧米のキッチンでは、煮炊きの主流が電熱器やオーブン、最近では電子レンジになり、そしてそれらはみな熱の効率性を尊重するものであるのに、日本ではあいかわらずガスコンロが煮炊きの中心になっているからだ。煮炊きに必要なものは、本来、火の属性の熱だが、日本人は熱より火そのものに思いいれをもっているようなのである。じっさい、庶民の日本料理には古くから鍋焼というものがあった。鴨や猪、鮎などをセリなどといっしょに醤油で煮る料理である。野外で盛んに行ったようだ。

明治になると、人々は牛肉を食べるようになって、それがスキ焼きに変わった。ガスの元栓からホースを引いてきて食卓の上のガスコンロなどで料理をするものだ。以後、鍋料理が日本人に欠かせないものとなる。

火加減をしながら食事をするというスタイルは、欧米料理にはスイスのフォンジュとよばれる「チーズ鍋」ぐらいであまり例がなく、外国人はみなビックリする。

また鍋焼というと鍋焼うどんをおもいだす。土鍋にウドン、ネギ、カマボコなどを入れて煮立たせたものだ。店で出すものもあるが、いまも屋台を引いて流しているものもあり、冬の風物詩になっている。

そういう鍋料理は縄文人が炉を囲んで、炉の火にかけられた土器たぶん深鉢土器から、直接、食物を取ったであろう伝統を引きついでいるようにわたしにはおもわれる。

冬になると日本人が鍋料理を恋しくなるのも、そういった縄文ＤＮＡがいまなおわたしたちの身体のなかに生きている証拠ではないだろうか。

四　土器に魂を込める

煮物ができれば一人前

縄文文化というと、誰でも思いおこすものは土器である。

一万六千年前ごろに日本列島で製作が始まった縄文土器は、その古さ、出土数の多さ、形式の多様さなどで世界に類例がない。縄文文化の代名詞にさえなっている。

じっさい縄文研究もこれまで土器を中心にすすめられてきた。放射性炭素年代測定法が確立する以前は、土器の出土した地域や地層、土器の形などによってその前後関係が定められ、縄文文化全体の位置づけなどが明らかにされてきたのである。

では、土器とはなにか？

土器は一般に「粘土を八百度前後の低い温度で野焼きした器」をいう。製作に窯《かま》を用いないこと、轆轤《ろくろ》を使わず手捏《てご》ねや粘土紐を積みあげる手作業によること、釉薬《ゆうやく》をかけない素焼きであること、多孔質で水漏れ、空気漏れがすることなどの特色がある。

といっても、これらの特色はかならずしも土器の文化度の低さをしめすものではない。のち、良質の花崗岩粘土や石質粘土などをもちいて窯やロクロ、釉薬などをつかうようになっても、つまり土器よりも焼成温度の高い硬質の陶磁器などが製造されるようになっても土器製作は依然として続けられてきたからだ。

じっさい、手作りの縄文土器にはしばしばススキなどの植物繊維が混ぜられる。そこに含まれる珪酸体がガラスになって器を強固にするからだ。また鉢などに自由に把手や突起をつけ、さらに鉢表面にはさまざまの文様が描かれる。それらがいろいろであることは、製作者の思いがこめられたものだからだろう。いわば土器は「芸術品」なのだ。

さらに世界の土器の用途をみると、水の運搬、食物の貯蔵、神さまの供物、墓の副葬などいろいろだが、縄文土器は当初から尖頭の深鉢が多かったことをみてもわかるように食物の煮炊き用が中心であった。爆弾形をした深鉢の底を炉の灰に突き刺すのだ。そうすると、とろ火で食物が煮られる。そうしてドングリのアクを抜き、根や茎などを食べやすくし、魚や獣の肉の腐敗を防ぎ、各種材料の味を調合して食材の範囲を飛躍的にひろげた。人々は移動生活に別れをつげ、定住生活にはいることができたのであった。

とすると土器は、縄文人の生命といってもいい大発明である。

しかも陶器や磁器は、直接、火にかけるとすぐ割れてしまうが、土器は空気も水も通す多孔質のせいで、耐熱性があって簡単には割れない。縄文土器の真骨頂である。

またその通気性や通水性によって表面の水分が気化し、土器内の食物を冷涼にたもつことができる。「天日で自然乾燥させたアサリをビニール袋にいれると半年たてば変色してカビがついたが、土器にいれたものは五年たっても食べられた」という実験報告もあるぐらいだ（『縄文生活の再現』）。

であるから日本料理のメインディッシュは、じつは刺身でも、焼魚でも、天麩羅でも、酢の物でもなく、この魚や野菜の煮物なのである。それが縄文以来の日本食の根幹である。料理人も煮物ができれば一人前といわれるのだ。それも縄文人のこのような土器料理の伝統からきたものだろう。

こうした土器の利便性こそ、縄文時代に陶磁器の技術がはいってきても縄文人が土器を手放さなかった理由であり、また今日も日本人が各種鍋料理を愛しているわけでもあるだろう。

縄目にマナを見る

その縄文土器は女がつくっただろう、といわれている。今日、アフリカやメキシコなどでも、土器づくりは一般に女の仕事である。特別に販売するようなことがないかぎり、みな女が製作している。

また弥生時代に、朝鮮半島から陶器の技術がはいってきて須恵器《すえき》がつくられたが、それは男がつくった、といわれる。ところが、古墳時代になってもなおつくられた土器の土師器《はじき》は女が製作していたのである。

とすると、縄文時代の土器も特別の場合をのぞいては女がつくった可能性が高い。なぜだろうか？　それについてわたしは母系制社会と関係がある、とみている。先にものべたように母系制社会では、食糧の獲得、料理、保存などのすべてを子供を抱えた女がやった。すると、それら食糧に関連する煮炊き用の土器づくりも女の仕事ではなかったか。

さらに縄文の遺風を強くのこす沖縄には、ついこのあいだまで女を聖女とみる「オナリ神」信仰が強くあったが、縄文時代の土器づくりにもこのような「聖女の仕事」とみられるところが多々あったのではなかったか。

たとえば、縄文土器の表面に豆粒、爪形、貝殻、渦巻さらには火焔《かえん》などさまざまな文様がつけられるが、なかでも多いものに縄文土器の名の由来になった縄目がある。

なぜ縄目かというと、草の一本一本の繊維はかんたんに千切れるほど弱いが、それを縒《よ》りあわせて縄にすると、大木を引きあげるほどの強い力をもつ。縄文人はそういう縄に超自然力、つまりマナを見たのではなかったか？　そこで縄のマナを土器の表面に刻みつけることによって割れやすい土器を割れにくくした、とわたしはかんがえている。一種の呪術であり、マナイズム信仰である。

また縄のほかにも亀、蛇、魚その他さまざまなものがモチーフになっているが、それらにもそれぞれの意味合いがあったのだろう。そういうものを刻印するのも「聖女の仕事」だったとおもわれる。

しかし弥生時代にはいると、土器の表面からそういう文様がいっさい消えた。土器の表面は平滑で、かつ、機能的なものになっていった。それは、呪具や聖具だった土器がたんなる生活用具に変わったことを意味するのだろう。

とどうじに、女が聖女でなくなったことも意味するのではないか。弥生時代になって、世は「女権社会」からしだいに「男権社会」へと移行したのであろう。

そうかんがえると、縄文時代は土器が製作されなくなったときに終わったのではなく、土器の表面から呪的な文様が消えたときに終わった、といえる。じっさい土器製作はいまもおこなわれているが、今日はもはや縄文時代ではない。

その土器製作がつづいた例は、先の土師器である。

さらに、縄文土器の体質をそのまま受けつぐような手捏《てこ》ねの赤焼土器に、今日、神社の祭祀にもちいられるカワラケがある。それは中世から今日までつづいている。

そのほか一般の生活のなかに土管、土鉢、土瓶などがあるが、そのなかの圧巻は瓦と土鍋だろう。

日本の瓦は茅とどうよう空隙性も吸湿性もあって理想的な屋根材である。昔は汽車の窓から屋根の瓦を見て「いまどこを走っているか」がわかったほど地域性があった。

また土鍋は、直接、火にかけられる土の器としていまもわたしたちの生活に欠かせない。それは「火を食べる」日本人にはなくてはならないものである。じっさい、わたしは土鍋をみるたびに縄文時代をおもいおこすが、しかしそこにある模様は現代の商業生産がもたらしたものである。もはや人々の魂がこもったものではない。

手作り、無釉、切磋琢磨の精神

ところが新たな縄文的文様が創られた、とみられるものがある。それは須恵器の流れを汲むもののなかにある。

須恵器は陶器であるが、しばしば無釉の陶器は「陶質土器」といわれるように、正確には土器と陶器の中間の炻器《せっき》というべきものである。この炻器である須恵器は十一世紀ごろまで盛んにつくられていた。

ところが奈良時代に鉛を釉薬とした緑釉陶器があらわれて市場を席巻した。以後、施釉陶器が日本の陶器の主流になり、猿投《さなげ》から常滑《とこなめ》、渥美そして丹波、信楽《しがらき》、越前、瀬戸の各地の窯が大いに発展するのである。

また近世には磁器もあらわれ伊万里焼に始まり京焼、九谷焼などと展開する。

そういうなかにあって、手作りでしかも釉薬を使わない縄文土器の伝統を受けつぐものがあった。平安時代の須恵器から発展した珠洲《すず》焼と備前焼である。これらも土器ではなく炻器だが、しかし粘土の結晶性がわずかに残り、また釉薬もかかっていないので多少なりと空気や水を通すのである。土器の面影を残すものといっていい。

石川県珠洲市の珠洲焼は、大壺などの底の方はロクロでつくるが、上半分は粘土紐を巻上げたうえで、手で形づくる。そのとき土器を創った人の叩き締めた跡が鋭い斜めの線群として残る。巧まずしてつくられた叩き目の文様だが、見る人に感慨をもよおさせる。珠洲焼は中世にいったん廃絶したが、近年になって再興された。珍しいことである。

一方、岡山県備前市の備前焼は手作りのものもロクロをつかうものもあるが、釉薬はかけず、窯のなかで「酸化焔《えん》焼成」によって器が堅く締めあげられる。ために器の表面に強い赤みがあらわれ、そのうえ「窯変《ようへん》」によって千変万化の模様が現出する。それは「炎のマナ」とでもいうべきもので、室町から桃山時代にかけて茶陶として愛され、風炉にも使われた。今日も花生けや水差しなどに広くもちいられている。

現代の陶磁器の多くが機械をつかって成形され、釉薬をもちいて光沢を出し、各種絵具でカラフルに絵付けされるなかで、多くの日本の作陶家たちは腕をふるって各自の情念を注入している。それは結構なことであるが、そのほかにもこの珠洲焼や備前焼のように縄文土器そのままに手作りの形、無釉、そして切磋《せっさ》琢磨《たくま》するなかに生まれた文様を見せるものがある。

そのようなものの中には、それを創った人々の魂が込められているようにわたしにはおもわれるのである。

五　旬を食べる

縄文人は旬を知っていた

初夏になると、ついこんな句が口をついて出る。

目には青葉山ほととぎす初鰹
（素堂『江戸新道』）

昔から日本には「初物七十五日」という諺《ことわざ》があった。「初物を食べると命が七十五日延びる」というのだ。初物とは、そのシーズンの出始めの食べ物、つまり「旬」の食材である。青葉が茂り、ホトトギスが鳴くころの鰹がそうなのだ。

もちろん、片方では「初物を食へば七十五日生きのばはると申すが、それでは世界中に死ぬる者が一人もござらぬ」（太田全斎『俚言《りげん》集覧』大空社）などと茶化される。しかし、俗信とはわかっていても、日本人は長年この「初物食い」つまり旬を楽しんできた。

そういう「初物云々」は、日本人の食べ物にはみな季節性があったことをしめしている。この諺は、その季節性を知って早め早めに食糧を確保すれば飢えることはない、という教訓とみることもできるだろう。

そして縄文人は、今日わたしたちがいう旬をすでに意識していたようなのだ。

それは、貝塚から発見される多くの貝をみるとわかる。茨城県の上高津貝塚で先史生態学者の小池裕子がヤマトシジミやハマグリの貝殻の断面に記録された成長線を分析したら、全体の七十パーセントが四月から六月にかけて食べられたことがわかった。つまり貝は一年中海にあるのに、それらが食べられるのは決まって春から夏にかけてだった。貝のいちばん脂ののった時期だからだろう。

貝だけではない。たとえば東日本では春にイワシ、ニシンが盛りを迎える。夏になると本格的な魚のシーズンで沿岸各地でアジ、サバ、クロダイなどが獲れ、内陸ではサクラマスなどの漁が活況を呈する。秋はサケ、ブリ、アイナメだ。一方、木の実のシーズンとなりクリ、クルミ、シイ、トチ、その他のドングリなどが盛りをむかえる。冬になるとキジ、ヤマドリ、カモ、それにイノシシ、シカ狩りが本番だ。そして年を越すとワラビ、クズ、セリ、ゼンマイなどの若葉、若芽、根菜の採集が人々を夢中にさせる。

これらの多くが、貝塚などから発見されるのだ。

食糧の残滓《ざんし》からみた縄文人の食物の種類と数は、獣が六十種類以上、魚が七十種類以上、貝が三百五十種類以上、そのうえ無数の実、芽、葉、茎、根などの山菜・野菜があるといわれる。山菜・野菜は跡が残らないので正確にはわからないが、それにしても今日のスーパーなどとは比べ物にならない品数の豊富さだ。こういう種類と数の膨大さから、先の貝と同様これらもそれぞれの季節々々に食べられた、とおもわれる。

縄文人は、旬の食物を味わっていたようなのだ。

「なぜメニューがないの？」

とすると、いまもわたしたちの心をおどらせる旬とは、「縄文人の食糧獲得の文化」の名残ではないか？

こんなエピソードがある。昭和の敗戦からすこしたって日本もやや落ちついたころ、アメリカから多数の要人が日本にやってきて高級日本料理屋に招待された。彼らは接待にでた女将《おかみ》にメニューを要求したが、「そんなものはおまへん」といって断られ、一同

「なんと低級なレストランだ」と憤慨したという。

しかし女将にしてみればメニューを置いてあるような料理店こそ「低級」なのである。日本の高級料理屋はその日その日に仕入れた旬の肴《さかな》や野菜を出すのであるから、メニューなどつくりようがない。すべて女将や板前まかせである。女将や板前は、その料理屋の名にかけて不味いものなどを出すはずがない。つまりそこに出てくるものはその季節の最高の料理なのだ。

それも、かならずしも高級料理屋にかぎらない。ふつうの旅館もおなじである。そこでの夕食や朝食もすべて宿まかせだ。また一般の家庭料理もそうである。スーパーにいくといつも季節々々の食べ物が大売出しされている。

一方アメリカ人は、食においても個人の好みを尊重する。であるから高級、低級を問わず、料理店にはみなメニューがある。ただし一年中同じものである。

すると、そこには個人の嗜好《しこう》を大切にする欧米の食と、自然の恵みを味わう日本の食との違い、いいかえると、「個人主義文化」と「自然主義文化」の差異をみることができる。

季節のマナを感得する

このごろになってやっとそういう日本料理も世界に知られるようになり、両文化圏の誤解もすこしずつ解けるようになった。つまり日本料理には味のほかに旬というものがある、ということだ。そしてその旬とは、先にのべた日本の自然主義文化の根幹ともいうべきマナイズムの食における現われなのである。

であるから、昔の日本人が肉を食べなかった理由を仏教思想のせいにするのは嘘である。なるほど日本人はブタやニワトリは食べなかったが、イノシシやカモは食べていたからだ。

それもイノシシやカモにはすごいマナがある、と見たからではないか。イノシシは強い力で山野を駆けめぐるし、カモも何千キロも大空を飛ぶ。人間のとうてい及ばないマナをもっている。そこでかれらは「イノシシのように強くなりたい」「カモのように空を飛びたい」と願ってイノシシやカモを食べたとおもわれる。それらを食べるのは、美《お》味《い》しいからだけではなく、食べることによって「かれらのもっているマナを身につけたい」ためだったのだ。

たぶん、縄文人もそうだっただろう。ヨタヨタしているブタにはパワーがあるとはお

もえず、空も飛べないニワトリには超自然力などないとおもったにちがいない。だから
かれらはイノシシやカモの土偶を作っても、ブタやニワトリの土偶は作らなかった。

明治以前の日本人は肉食そのものをしなかったのではなく、このように野生の動物は食べたが、飼育された動物は食べなかっただけなのである。飼育された動物にはマナなどあるとおもえないからだ。

どうように旬というものも、食の分野におけるマナだろう。季節の走りの魚でその朝獲れたものは身がしまっていてすこしも魚臭くない。日ごろ魚を食べない西洋人もびっくりする。また朝摘みの野菜や山菜はどこかにホンワリとした甘みがある。旬の食べ物にマナがある、とかんがえられたゆえんである。

そこで、そういうマナを味わうことのできる日本料理屋を見よう。

まず料理屋の玄関に立つ。

入口の廻りの石や砂は水に打たれて涼しげで、庭の木々も青々としている。

木の廊下を伝って座敷に案内されると、床の間がある、軸がある、生花がある、御香がある、庭がある。そして女将も案内する女中もみな着物姿である。それらはすべて、そのときどきの季節を演出している。

そのうえで運ばれてくる会席料理は、しっとりした漆塗の盆の上の陶磁の器にのせられている。客はそれらの色、形、デザインを目で見、材料を考え、椀の蓋をとって季節の香りを嗅《か》ぐ。そして箸をとって一つ一つの食材を、舌触り、歯応え、味、喉越しの順に味わっていく。

そうして前菜、吸い物、刺身、焼き物に舌鼓を打って、さいごに煮物に箸をつける。そのあとに出てくるものは、酢の物とご飯ぐらいである。

そのとき庭で鳥が鳴き、あるいは一瞬日の光がさして樹々が輝いたらしみじみと季節の移り変わりを実感する。

さらに料理を食べたあと、あるいはその夜、ときには次の日の朝、料理の余韻《よいん》が身体に残って気持ちがいい、心身が爽やかになる、元気が出てくる、ということがある。後味である。日本の料理人が一番、心がけるものなのだ。

それをマナといっていいだろう。元気印である。「旬の料理を食べると長生きする」わけなのだ。

そうすると日本料理屋とは物を食べるところというより、季節のマナつまり旬を感得するところである。その旬を食べるために、日本人は高いお金を払って料理屋にいくのである。

日本人は旬を食べる国民なのだ。

六　注連縄を張る

「乙女の胸鋤き取らして」

日本の古い昔話に「国引き」伝説がある。その一節に、

越のつつの岬を　国の余りありやと見れば
国の余りありと　詔《の》り給ひて
乙女の胸鋤《す》き取らして　大魚《おうお》のきだ突きわけて
はたすすき穂振りわけて　三身《みつみ》の綱うちかけて
霜葛《しもつづら》来るや来るやに　河船のもそろもそろに
国来《くにこ》々《くにこ》と引き来縫へる国は　三保の崎なり
持ち引ける綱は　夜見の嶋なり

堅め立てし加志《かし》は　伯耆の国なる火神岳《ひのかみだけ》、是なり（秋本吉郎校注『出雲国風土記』岩波書店）

出雲の古い神さまが、出雲の国があまり小さいので「あちこちの国に綱をかけて引っぱってきて、綴りあわせて大きな国にした」という話の一齣《こま》だ。この歌は、荒唐無稽の面白さと言葉の美しさによって、しばしば「日本韻文の最高傑作」とまで評せられ、多くの人々を魅了してきた。

しかしわたしがここで問題にしたいのは、そのなかの「三身の綱」である。何本もの糸に縒《よ》りをかけて綯《な》えば丈夫な綱ができる、それは、各地の余った土地まで引っぱってくるほどの強い力をもつ。そういう綱や縄の強さは縄文人にとって驚異だったのだろう。旧石器人にとって最初の「工業製品」が石器だとしたら、縄文人にとっての最初の「工業製品」は縄だったかもしれない。

縄文土器は、その縄の形を土器の表面に刻みこんだものによってその名があるが、すると縄は、土器とならぶ縄文人の二大発明品といえないか？

草の威力のすばらしさ

じっさい、竪穴住居の木組などは縄がなくてはできない。

奈良時代の宮殿の平安をねがう「大殿祭」の祝詞《のりと》の一節に「下つ綱ね、這ふ虫の禍《わざわい》なく……引き結《ゆ》へる葛目《つなめ》の緩《ゆる》び、取り葺《ふ》ける草《かや》の噪《そそ》きなく」というものがある（武田祐吉校注『古事記祝詞』岩波書店）。「柱の下の横木をむすぶ綱がヘビやムカデの侵入を防ぎ、柱・桁《けた》・梁《はり》を締めあげている綱が緩まないように、屋根を葺いた草が乱れないように」というのだ。

すなわち、横木をしばっている綱は、建物をしっかり固定させるだけでなく「ヘビやムカデの侵入を防ぐ」ものである。綱に除虫草などが用いられていたからだろう。

また柱の上で柱と桁・梁を結んでいる綱が「緩まないでくれ」とねがう。それは、寺院建築には釘や鎹《かすがい》などがもちいられたが、神社建築や宮殿建築は古式のままだったからだ。古式というのは縄文以来の建築工法をうけつぐものだろう。木組に釘などを使わず、すべて綱や縄で締めあげるのだ。しかしそのほうが建物は長持ちする。釘や鎹はいずれ錆《さ》びて腐るからだ。また地震にたいしても強かった。柔構造だからである。

この祝詞は、「締めあげ構造」の建築効果を祈るものだったのである。

さらに「屋根を葺いた草が乱れないように」という。草葺き屋根は縄文の竪穴住居以来のものだろうが、それはまことに至妙だ。草を何層に葺いてもなかはスカスカだからである。ために屋内に一酸化炭素が溜まらない。いまも茅葺き屋根を使っている岐阜県白川村では、屋根の隙間から「空の明かりが洩れてくる」という。

それでも雨は防げる。雨水を吸いこむと茅が膨らんで水を下に落さないからだ。そして晴天になると自然に乾いていく。さらに炉の火で暖められた空気が屋根の隙間をとおって外にでてゆくときに茅を隅々まで乾燥させる。なるほど、炉は屋根の防水に大きく貢献しているのだ。

であるから、人が住んでいない家の茅葺き屋根はそのまま放っておくと腐ってくる。その例が伊勢の皇大神宮だ。りっぱな建物ではあるけれど、なかに神さまがおられるだけで、人が住んでいないから炉がない。式年遷宮《せんぐう》といって二十年おきに建てかえる最大の理由は、本来、柱などではなく腐食した茅葺き屋根を取替えるためである。

このように草は綱や縄になって強度を発揮するだけでなく、草そのものにも大きな威力があるのだ。

注連縄と横綱

草のすぐれた威力は、縄文以後も大いに発展した。

その一つが藁《わら》である。

藁とはいうまでもなく稲藁のことで、弥生時代にはいって稲作が普及したとき、米が食用に供されただけでなく茎である藁も広くもちいられた。燃料、飼料、肥料などのほかに、生活具として威力を発揮したのである。

たとえばかつての百姓の衣服をみると、頭に藁帽子をかぶり、手には藁手袋をはめ、身体には蓑をまとい、背には背負縄《しょいなわ》を負い、脛《すね》には脛巾《はばき》をつけ、足には草鞋《わらじ》をはく、というたぐあいに頭のてっぺんから足の先まで藁ずくめである。

また家のなかも飯櫃《めしびつ》入れ、鍋敷、畳、円座《わろうだ》、敷きむしろ、藁布団などがあってこれも藁だらけだ。そしてこれらはみな広い意味で草の文化であり、縄の文化である。

そういう縄の文化のなかで、今日もマナをもって生きているものに注連縄《しめなわ》がある。

神社にいくと、しばしば太い注連縄が高く張られていて見る者をびっくりさせる。お正月になると各家の玄関にも注連縄が飾られる。注連縄はいわば聖域宣言である。そこから内は「神の聖域、あるいは自分たちの領域」であることをしめすサインだ。

それに縄が使われるのは、縄のもつパワーつまりマナによる。

また民間信仰に「茅《ち》の輪」というものがある。茅《かや》や藁を束ねた大きな輪で、その輪をくぐると病気にならず厄除けになる、といって庶民に信仰されている。しばしば神社の鳥居などにもかけられる。『備後国風土記逸文』にもその記述があるから歴史は古い。縄文時代にも遡るかもしれない。

また大相撲ではいちばん強い力士が綱を張る。横綱だ。なぜ綱を張るのか。

相撲は古くからあったが、江戸時代にはスポーツとして栄えた。とりわけ寺社の奉納相撲として盛大におこなわれたが、あるとき相撲は、スポーツから祭になった。相撲そのものが神さまへの奉納物になったのである。そこで選ばれた力士がすべての関取を代表して、腰に白い麻の綱を張り、紙垂《しで》を垂らし、つまり注連縄を張って土俵入りをおこなった。いわば神子《みこ》になったのである。それが横綱だ。

横綱は、始めはあくまで臨時的かつ祭祀的な存在で、番付上の最高位は相変わらず大関だったが、明治四十二年以降、横綱は大関の上になった。であるからいま横綱は強いだけでなく、神子でもあるから、成績がふるわなければ神隠れつまり引退するのだ。

縄文の縄信仰はこのように現在も形を変えて残っている。

それらも縄文人の生活と精神の名残といっていいだろう。

七　漆を塗る

japan は漆器

欧米では China というと隣国シナであり、Japan は日本のことだが、china と小文字で書くと陶器になり、japan と小文字で書けば漆器のことになる。というほどに欧米では「陶器といえばシナのもの、漆器といえば日本のもの」とされる。

しかし「漆器はシナから日本にもたらされたものだ。それが日本で発展したとしても japan とよぶのはおかしい」という日本の学者が大勢いる。これは、起源のわからないものをすべて外来文化にしてしまう日本の学者の長年の悪弊ではないか。

彼らがそういうことになったのも、先にのべた「欧米礼賛」と「四大陸からの文明の発生および伝播説」なるものを広めた明治政府、それに明治政府のつくった帝国大学のせいである。明治維新を起こした薩長土肥の武士たちは「西欧近代は〈絶対善〉であり、自分らが打倒した徳川政権とそれにつながる過去の日本国家は〈絶対悪〉であって、かれらには未来にむかう文明文化など何もない」としたかった。そういう解釈により、明治維新という「争乱」を引きおこした彼らに免罪符が与えられたのだった。

であるから「欧米人がjapanと書けば漆器のこと」などということも日本の学校ではあまり教えられない。したがって、一般の人々にもあまり知られていない。

しかし、縄文という社会の姿がしだいに明らかになりつつある今日、「もうそろそろこのような文明の海外飛来史観的思考は止めてもらいたい」とわたしはおもう。

なぜなら漆器は、縄文時代から日本にあったからだ。

漆は九千年前の日本に現れた

大正十五年（一九二六）に、青森県八戸市是川遺跡の三千年前の泥炭層から赤漆が塗られた飾り弓、飾り太刀、耳飾り、腕輪、土器、木器などの大量の漆製品が出土したとき、当時の考古学者たちは飛び上がらんばかりに驚いた。

それまで漆器は、古代シナからもたらされたものとばかりおもわれていたからだ。とくに「仏教美術が日本に渡来したときに大量に輸入された」と教えられてきた。それがじつは日本の縄文時代から存在したのである。

この発見に刺激されて歴史学者の喜田貞吉は、東北の北半分は古くから石器時代（今日の縄文時代）の文化が栄え、歴史時代になっても、なおそれが続いて平泉文化になったのではないか、という画期的な問題提起をおこなった。つまり、「東北地方の縄文時代の終末は鎌倉時代まで下がる」というのである。

これにたいして土器の編年をすすめていた考古学者の山内清男が数々の土器の実証例をしめして「縄文時代はいまから二千三百年まえに終わった」と反論する。これは当時、石器時代の終末議論といわれたもので、「ミネルヴァ論争」として有名になった。

結果は、山内の勝とされた。しかしその論争のあおりをくって、是川遺跡から発見された漆の歴史的評価は未解決のまま宙に浮いてしまったのである。

ところが昭和二十五年に、縄文晩期の青森県亀ヶ岡遺跡から赤い漆を塗った土器が発見され、それと前後して六千～五千年前の千葉県加茂遺跡の地層からも漆とみられる赤い塗料の土器片が多数見つかった。三千年前ごろまでだった漆の痕跡が、一挙に二千～三千年も遡ったのである。

あまりにも大きな飛躍に考古学者はみな押し黙ってしまった。

その後も各地で続々と漆製品が発掘され、それは東日本のみならず西日本にも及んでいった。

そしてとうとう昭和五十年に、一万二千年前から七千年間にわたって継続して栄えた福井県三方町の鳥浜貝塚から、六千年前の「赤漆塗りの飾り櫛」がほぼ完全な姿で発見されたのである。

しかし、シナの浙江省の河姆渡《かぼと》遺跡からも六千二百年前の漆器が発掘された。ところが平成十二年に北海道の垣ノ島B遺跡から約九千年前の漆器が発見された（長浜浩明『日本人ルーツの謎を解く』展転社）。

日本の専門家がかねてから、鳥浜貝塚の櫛の漆の重ね塗りや赤漆・黒漆の使い方、木《こ》屎《くそ》とよばれる下地などに今日と変わらない技法が見られることから、日本の漆はいまから八千年以前の後氷期の気候の温暖化にともなって開発されたものだろう（鈴木公雄『縄文人の生活と文化』講談社）とみていたのが当ったのである。

櫛は川底で真紅に輝いていた

天然の塗料である漆は、ウルシの木からとれる生漆を原料とする。一本の成木のウルシに傷をつけて生漆を滲《にじ》みださせ、半年かけてやっと一合ほどを取り、それを精製して顔料をくわえ「胎《たい》」とよばれる木器、土器、笊《ざる》、籠《かご》などに塗りつけ「風呂」あるいは「室《むろ》」などとよばれる乾燥室にいれて完成する。

その一連の作業をみると、まことに高度な組立産業といわざるをえない。それが九千年前から日本にあったのである。

さて、よく乾燥させた漆には酸・アルカリ・熱にたいする強い耐久性があり、そのうえしっかりと硬く、美しい光沢をもつ。鳥浜貝塚の縄文櫛が発見されたとき、動植物の遺体が多く混じった貝層にあったとはいえ、六千年の歳月を経ながら、川底で真紅に輝いていたという（森川昌和他『鳥浜貝塚』読売新聞社）。

それらの漆器が大昔から日本にあったのだが、考えてみるとそれは万里の長城ができるおよそ七千年まえ、エジプトの最初のピラミッドができるおよそ四千五百年もまえのことだったのである。

縄文漆器には実用品もあるが、櫛、鉢さらに弓矢の武具などはほとんど美術品といっていい。それらは、縄文人の儀式のときに使われたものだろうという（『縄文人の生活と文化』)。

なかでも面白いのは櫛である。

というのは、漆が塗られた縄文の櫛には木櫛と結歯《けっし》式櫛があるが、木櫛が一枚の板を櫛の形に切り取ったいわば単体の構造であるのにたいし、結歯式櫛は何本もの木の棒の根元を木と縄でくくりつけて漆と木尿で塗り固めた複合式構造であることだ。

すると、この二つは手間のかかりようが全然違う。それも前者は実用品であり、後者は祭礼品だからだろう。

仏像からお椀まで

さて、縄文以後の歴史においても漆の工芸は大いに発展した。

飛鳥時代には漆工芸の仏像・仏具・厨子《ずし》などがたくさんつくられ、奈良時代には漆のお棺まであらわれた。そして平安時代になると、蒔絵《まきえ》や沈金《ちんきん》、螺鈿《らでん》、平文《ひょうもん》などといった高度な装飾技法が登場する。

まず蒔絵は、黒漆などの層のうえに絵筆によって漆で模様をえがき、その漆が乾かないうちに金粉や銀粉をまき、研《と》ぎだしや磨きなどをおこなって模様を浮きあがらせたもので、模様全体がとてもやわらかい。日本独自の技法である。

沈金は、漆塗の器物の表面に文様を沈金刀できざみ、その彫り跡に金箔や銀箔を刷りこんだものである。非常にするどい文様ができあがる。

螺鈿は、おなじく漆の上にアワビや夜光貝などの貝殻をうすく研磨したものを張りつけて文様とした手法だ。貝殻の真珠質が、見る角度によって青色や白色に変化するなど、幽玄の趣《おもむ》きをみせる。

平文もまた文様の形に切った金、銀などのうすい板をはりつけた軽やかな技術である。そのほかにもいろいろの技法があるが、そういったものはいずれもハラハラするような繊細華麗さを見せる。

このような漆工芸品は、宮殿や寺院建築だけにもちいられたのではなく、『源氏物語絵巻』をみると、貴族の住宅の棚、厨子、脇息《きょうそく》、鏡台、手洗、台盤などにもたくさん登場している。漆塗りのお椀なども多数あったようだ。

鎌倉時代になると、石山寺多宝塔にみられるように寺院内の柱や壁にも漆がつかわれている。

さらに室町時代には金閣寺・銀閣寺のように、建物の外壁全体が漆で塗装され、そのうえに金箔や銀箔が貼られたりもした。

そうして江戸時代には、とうとう漆工芸の金字塔といってもいい日光東照宮の陽明門その他の諸堂が出現した。

一方、庶民の世界でも、白木に漆をぬり金箔や金粉をほどこした金仏壇をはじめ屏風《びょうぶ》、文箱《ふばこ》、硯箱《すずりばこ》、重箱、各種椀にいたるまで生活全般に漆工芸が普及していった。

しかもそういう漆工芸文化は、ほとんどそのまま現代の日本に引きつがれている。

今日も各地で若い人たちが漆工芸にはげんでいる様子が、ときどき新聞やテレビで報じられている。

なるほど japan が漆なわけである。

八　玉をつける

玉は太陽のお守り

縄文人の遺跡からは、厖大《ぼうだい》な数の玉や珠《たま》が発見されている。いろいろの石の玉や、真珠のような有機質の珠などである。縄文人はなぜそのように玉や珠を尊重したのだろう？

それは、どうやら縄文人の太陽信仰からきているようだ。縄文人は光る玉や珠を太陽の写しとして身につけたのではないか。ジェームズ・フレーザーのいう「模倣呪術」である。わかりやすくいうとお守りだ。「玉や珠を身に着けると、太陽のタマがえられる」と縄文人は考えたにちがいない。

縄文の遺跡にそれを裏づけるようなものがある。

富山県の上市町にある極楽寺遺跡は今から七千年前にも遡る古いものだが、そのあたりでは玉の原石が採掘されないにもかかわらず、千点近くの原石、未完成の玉、完成した玉などが発見され、ためにそこはかつての「玉造り工房」とみなされている。

では、なぜそこで玉造りがおこなわれたのか、というと、考えられるのは、その背後にある立山連峰の雄峰の大日岳（二五〇一メートル）である。冬至のときにはその山頂からピタリと太陽が昇るのだ。古代、年の始まりは冬至だった。するとそこは、大日岳山頂から昇る太陽の一年の最初の光をうける場所だったのである。

そうして太陽の一年の最初の光をうけて玉は磨かれ、呪力をもち、全国に配られていったとおもわれる。

もちろん、実際にはそんな玉や珠をもっていても何の役にも立ちはしない。

にもかかわらず、日本人は長らく玉や珠を信仰してきた。たとえば『記紀』に「塩盈《しおみつ》珠《たま》」「塩乾珠《しおふるたま》」の伝説がある。

天照の孫の瓊瓊杵尊《ににぎのみこと》は、高天原から筑紫の日向の高千穂に降りたったが、そこで土地の豪族、つまり縄文人である大山津見神《おおやまつみのかみ》の娘の木花之佐久夜毘売《このはなのさくやひめ》を見初《みそ》め、海幸と山幸の兄弟が生まれる。いわば妻問いの結果、得られた子である。

そのウミサチとヤマサチはあるとき獲物をとる道具を交換するが、ヤマサチはウミサチからもらった釣針をなくしてしまった。そこでヤマサチはそれを探すために綿津見の宮にでかけ、やはり縄文人とみられる海神の娘の豊玉姫《とよたまひめ》と結ばれる。これもいわば妻問いだ。そうして海神から釣針のほかに二つの珠をあたえられる。

この針も珠もともに呪具である。釣針はそれをもって呪文をとなえれば田の収穫を不作にも豊作にもできるし、珠はシオミツタマとシオフルタマで海の潮を自在にコントロールできる。

この釣針と珠をえたおかげで、ヤマサチはウミサチを従えることになるのだが、これは縄文人の女と結ばれた天孫族は出世する神話といっていいだろう。

装身具が消えた千二百年

さて、縄文人は多くの装身具を身につけていた。翡翠《ひすい》・瑪瑙《めのう》・水晶などの丸玉《まるだま》や、勾玉《まがたま》・管玉、切子玉その他の玉、さらに真珠・貝殻・骨・牙・歯・木・土などからつくられた多くの珠の類、そして櫛や簪《かんざし》などの髪飾り、首飾り、耳飾り、腕輪、指輪などだ。

それは女だけでなく男も同じだった。ただ『記紀』に須佐之男命《すさのおのみこと》が髪の髻《もとどり》や腕にたくさんの玉の輪を巻いていたことが語られているが、しかしスサノオはアマテラスが髪につけていた「八尺《やさか》の勾玉」をもらって、それを嚙んで空中に吹きあげて、その狭霧《さぎり》のなかから天之忍穂耳命《あめのおしほみみのみこと》を生んでいる。物実《ものざね》はアマテラスの身につけていたものである。そして生まれたオシホミミとは先のニニギの父親である。

さて、この玉をはじめとする装身具は、その形をいろいろ変えつつも弥生時代、古墳時代、飛鳥時代と用いられてきたが、七世紀になって突然、消えてしまう。それ以後の歴史時代においても、装身具文化は一部の髪飾りを除いてかつての輝きを失ってしまうのである。

その理由は、仏教の登場によって従来の護符観念が変わったこと、支配者層が北方騎馬民族系の胡服《こふく》を着用したこと、律令政府による冠位十二階の制がおこなわれたことなどがあげられる。

とりわけ冠位十二階の制は決定的で、それは天皇のまわりの豪族や官僚たちの位階を表現するために、冠に用いられる色まで定めたものだった。

さらに大化二年（六四六）の薄葬令による装身具類の埋葬禁止がとどめを刺した。玉をはじめとする装身具文化は以後千二百年間、まったく姿を消してしまったのである。

日本はジュエリー大国

すると、その間に縄文人の呪術ないしマナイズムはどこにいってしまったのだろう？

じつは真珠については生きのこった形跡がある。

というのは、真珠は装身具としては用いられなくなったものの、なんと食べられていたのだ。永禄六年（一五六三）に日本にやってきたポルトガル人宣教師のルイス・フロイスは、日本人は真珠を飾りに用いず、すり潰して薬にして食べている、と報告している（E・ヨリッセン、松田毅一訳『フロイスの日本覚書』中公新書）。

とすると、真珠は呪術性がなくなったのではなく飾りとして用いられなくなっただけなのだ。炭酸カルシウムの真珠を食べたってもちろん薬にはならず、美味しくもない。ただ真珠の呪力を身につけたいためだけだったろう。しかし、なお真珠にマナイズムがあった証拠ではないか。

明治になって西欧文明が流入してきて、ふたたび宝石をはじめとする装身具が人々に珍重されだした。その大きな理由は洋服の着用である。とすると装身具は、それまで着物という和服文化のなかで疎外されていたのだった。着物自体が「装身具」であり、また強烈なマナだったからである。

そうして現在、真珠にかぎらず多数の宝石類が、ネックレス、イヤリング、ペンダント、ブローチ、リング、ブレスレットなどとして洋服を着た日本人に用いられている。

もちろんそれらはファッションとしてのジュエリーではあるが、深層心理的には、日本人にとって西欧文明のもたらした「新しい護符《ごふ》」という意味合いがあるのではないか。現代日本人が身につける各種の「玉」もたんなる装飾品ではなく、高貴なお守りであるようにわたしにはみえるのである。

というのも、それら装飾品の多くは女性が身につけているからだ。男にくらべて力で劣る女性は「呪力で自分の身を守りたい」と願う心がとりわけ強く働くからだろう。

そして、明治に装身具の着用がなされるようになってからたった一世紀のあいだに、日本はダイアモンドを始めとする世界有数のジュエリー消費大国になったのであった。

これも、縄文人のタマ文化の再現というべきか。

九　晴れを着る

六千年前の編物

一万年以上もつづいた日本の装身具文化は、いまのべたように一度七世紀に、朝日の前の露のように消えてしまった。

しかしそれでこの国のマナイズムがなくなったわけではなかった。マナは形を変えて残ったのだ。それは衣服においてである。つまり装身具文化がなくなった大きな原因は、衣服が新しい呪具になったからだ、とわたしはみている。

初期の縄文人の衣服は毛皮だった。毛皮を長方形に断ち、長手方向が前後になるようにかぶり、中央に穴をあけて頭だけ出し、前後の垂れた部分を腰のあたりで毛皮の紐などでおさえた「貫頭衣《かんとうい》」といわれるものだ。かれらが毛皮を用いたのは、祖先が狩猟・漁撈の民だったからだろう。

しかし縄文人が本格的な森の民になると、繊維の着物が工夫された。そしてしだいに繊維の着物が普及するようになったとおもわれる。

昭和五十六年（一九八一）のこと、福井県美浜町の鳥浜貝塚の縄文前期中頃の包岩層のなかから丸木舟とともに小さな編物があらわれた。出土したときは毛糸のセーターのような手触りだったという。その編み方は現在も新潟県十日町地方にのこる越後アンギンとおなじで、用いられた材料は山地に生えているアカソだった。

すると、六千年前に縄文人が考案した編物の技法と今日のそれとは、あまり変わっていないことがわかる。驚くべきことではないか。

編布も織布もあった

さて、縄文時代の繊維には草の皮と木の皮があった。

草の皮はアカソのほかにカラムシ、イラクサ、アサなどがあり、当初はカラムシが多くもちいられた。このカラムシ織は越後縮《ちぢみ》、薩摩上布《じょうふ》、奈良晒《さら》しなどの高級品としていまも残っている。なお庶民のあいだでは中世末にキワタが普及するまで、西アジア原産の帰化植物のアサが広く用いられた。それは衣草《きぬぐさ》とまでいわれた。

一方、木の皮には、カジノキ、コウゾ、クズ、ヤマフジ、シナノキ、ヘラノキなどがあり、うちヘラノキ以外は全国に自生していて、後世の事例をみても縄文時代からその多くが利用されたとみられる。とりわけカジノキは栲布《たくぬの》や木綿《ゆう》などといわれてよく用いられた。

なお、アサ（麻）とユウ（木綿）は「朝」「夕」に通じ、縄文時代からいちばん多く使われたようだ（遠藤元男『織物の日本史』NHK出版）。

さて、これらの材料をつかって布をつくる技術には、さきの編物のほかに織物がある。編物は繊維などの細長い素材を互い違いに組みあわせた技術で、古くから網、籠、網代《あじろ》などがつくられたようにその歴史は長い。

織物との違いは、編物は一本の糸を針で編みあげるが、織物は縦横にたくさんの糸を通して織りあげるなどといわれる。しかし一概にそうともいえず、今日では編みに機械的工夫を加えたものが織りとされている。

そして先の越後アンギンなどが、繊維が柔らかく繊維のあいだに空気が保てるから着心地や保温性がよい（布目順郎『絹と布の考古学』雄山閣出版）といわれるにもかかわらず、編布はしだいに織布に席を譲っていった。

そうなったのも生産力の差である。織物に織機がもちいられるようになったからだ。従来「そのような織物技術は大陸からもたらされた」とかんがえられていたが、近年、縄文晩期の土器に布目跡が確認され、わが国でも古くから織機があったことがわかってきた。

このように縄文時代の衣服は、男女ともに編布や織布でつくられた貫頭衣すなわちワンピースであった。しかしその衣服の構造は単純だが、考古学者が書いた本などをみると、その服装は赤や黒の大胆な模様が草木染めなどによって描かれたギンギラギンのものようである。それも毒蛇・毒虫除けなどのマナだったのだろう。

なお、そういう害獣・害虫防除対策に刺青《いれずみ》がある。

イレズミは弥生人、沖縄人、アイヌ人などに見られ、ついこのあいだまで裸で働いていた日本の職人たちも多くしていたが、縄文人もおこなっていただろう。かつては、刺青はヤクザがするものとおもわれていたが、世界では日本にのみ発達した芸術として、今日高い評価がある。

ヒレの呪力

さて衣服の発達をのべるなかで、領巾《ひれ》についても言及しなければならない。ヒレとは竜宮城の乙姫様がかけている白くて薄いマフラーのようなもので、奈良時代から平安時代にかけて、盛装した貴夫人が肩にかけて左右に長くたらしながら歩いていた。そしていざというときには、それを振って身を守った。「振る」は「震《ふ》る」に通じ、神さまや霊魂をゆり覚ます行為をいう。つまりヒレは一種の呪具だったのだ。

そのヒレの起源は古い。

『古事記』に、竪穴住居をおもわせる室屋《むろや》で、大穴牟遅《おおなむぢ》神が須佐之男命の娘の須勢理毘《すせりひ》売《め》からあたえられたヒレによって、ヘビやムカデやハチの災厄から身を守った話がある。また新羅の王子の天之日矛《あめのひぼこ》が日本に持ってきた宝のなかに「浪振るヒレ・浪切るヒレ」「風振るヒレ・風切るヒレ」などがあった、とされる。

ヒレにはこのように毒蛇・毒虫などを追いはらい、また波や風を起こしたり、鎮めたりする呪力がある、と信じられてきた。ヒレに毒蛇や毒虫がよりつかないのは、その布の白さのせいだろう。アラブ人が白衣をまとうのも、砂漠の蠍《さそり》除けといわれる。

そういうヒレは、昔からいろいろの伝説に登場する。『肥前国風土記』に、天皇の命をうけて任那《みまな》に向う恋人を山上からヒレをふって見送った弟日姫子《おとひめこ》の悲話がある。その山を「ヒレフリの峰」という。
また沖縄に赤いヒレをふって男たちを見送った神女の歌がある。

風直《かざなお》り煽《あお》らちへ　　頭につけた鷲の羽をなびかせて
赤《あけ》の御《み》衣《そ》煽《あお》らちへ　　身にまとった真っ赤なヒレをなびかせて
波風和《なみかぜなご》やけて　　波風よ静まれと
浦《うら》の数君々《かずきみ〳〵》しよ守《まぶ》れ　　浦ごとにノロたちよ祈れ

（『おもろさうし』第十三・八五三）

嵐がやってきたとき、沖縄の女たちは白いヒレをもって海岸を走り、漁に熱中する男たちに急を知らせたというが、ここでは赤いヒレをなびかせて出港する男たちの無事を祈っているのである。
いずれもヒレの呪力を物語るものだろう。

十二単の文化

そのヒレの威力が、やがて衣服につたわっていった、とわたしはおもう。

まず弥生時代になると、男が社会のリーダーになったせいか服装に男女差があらわれるようになった。男はそれまでの貫頭衣をやめて、横幅の広い布でつくった横幅衣《おうふくい》を着るようになった（『魏志倭人伝』）。

さらに古墳時代になると、胡服の影響をうけて男は衣《きぬ》と袴《はかま》、女は衣と裳《も》を身につけるようになった。ともにツーピースの衣服になったのだ。

ところが、絹の登場によって事態は一変した。

絹は、いうまでもなく蚕《かいこ》の繭《まゆ》からとった動物繊維である。そのカイコの食糧であるクワは日本に野生する。またカイコにはヤママユやクリムシなどの野生種があり、なかにクワを食料とするクワコがあった。近年まで長野県の山間部では、これらの野蚕《やさん》から糸をとっていた。そうした技術は、あるいは縄文時代からあったかもしれない。

しかし、「クワコを飼いならしてカイコにし、絹をとる」という養蚕技術は、弥生時代になってシナ大陸からもたらされた。日本のクワコでは、そこまでの品質がえられなかったからだ。そういう家蚕《かいこ》が日本にはいってきて養蚕がすすみ、人々は絹織物を着て大いによろこんだという（前掲書）。

さらに、絹は神さまの衣服とされた（『記紀』）。その軽さ、薄さ、透明さ、そして着色の良さに、人々はすっかり魅了された。太陽の巫女である天照《あまてらす》は、絹の神衣《かんみそ》を織っていたのである。

平安時代になると、宮中につかえる女たちは表着《うわぎ》と下着の中間に袿《うちぎ》という色の違ったうすい絹の衣を何枚も重ねて着るようになった。「重ね袿」俗にいう十二単《じゅうにひとえ》である。その着方には「重ね色目」の手法がもちいられた。それには「桜襲《がさね》」とか「山吹襲」とかいろいろあったが、たとえば「梅襲」のばあいは、下のウチギから濃蘇芳《こいすおう》、紅、紅梅匂、白というような順序に重ねる。しかもこれらはウチギの枚数に応じて濃淡いろいろである。

このウチギは最高級の細い絹糸で織られた軽く透きとおった絹布で、そこに以上の色目が着色されるから、それをまとった女の所作や行動のたびごとに何枚ものウチギが微妙に揺れ、重なり合い、さらに光が反射しあって一つの色彩世界があらわれる。

清少納言も、さるやんごとなき姫君が東宮妃としてご入内《じゅだい》されるときの模様を「紅梅の袿を沢山、濃いのから薄いのを重ねて、そのうえに濃い紅の綾のお召し物、さらにすこし赤みがかった小袿を重ね、萌木色の若々しい感じの固紋《かたもん》の表着をお召しになって、檜扇《ひおうぎ》でぴったり顔を隠していらっしゃるご様子、お美しく、ほんにすばらしく、おかわいらしく」（石田穣二訳注『新版枕草子』角川文庫）と絶賛している。

このようにさまざまな色を重ねて美しく着る、という平安人の美的感覚は、奈良時代の色目による服飾規定や階級差別を暗に批判するものだったかもしれない。

「わが衣に伏見の桃の雫せよ」

衣服がたんに着るものでなく、以上のように危険を報せたり、防獣・防虫対策であったり、さらには季節を表わしたりするという服飾文化の伝統は、その後の日本にも引きつがれていく。

たとえば着物の袖が不必要に長いのは、恋人と別れるときに振るためだ。嫌なものがあらわれたときに顔を隠すためである。匂い袋をいれて香を楽しむためでもあった。

色よりも香こそ哀れと思ほゆれ誰《た》が袖《そで》触れし宿の梅ぞも
（『古今和歌集』）

である。

またそれは、袖を拡げたとき中央の身頃と二枚の袖とが一枚の大きなカンバスになって、全体の着物の柄が一枚の絵になるためでもあった。「絵羽《えば》模様」である。それが一枚の絵である証拠に、着物をそのように拡げて一枚の屛風にした「誰が袖屛風」というものまであった。そんな衣服や室内装飾は世界に例がないだろう。

そうしてそういう着物をまとったとき、人々の気分は高揚するのである。

それはうわべの着物の形や色、柄だけではない。たとえば腰紐である。評論家の寺井美奈子は「……きものを着るときの基本は腰紐を結ぶことにある。腰紐が決まるところに決まれば、どんなに動きまわっても着くずれする心配はなく、きものによって動きが束縛されることもなく、自由にゆったりと着こなすことができる」という（『ひとつの日本文化論』風濤社）。

そのうえ腰紐の上に締められる帯も女の命である。

白露や死んでゆく日も帯締めて　（三橋鷹女「白骨」）

と、現代の女も歌う。

以上のように、草木染の文様に始まりイレズミ、ヒレ、重ねウチギ、袖、絵羽模様、腰紐、帯などの着衣にみる人間の精神を高揚させる服飾文化は、その後の日本にも引きつがれていく。

今日、世界で活躍する日本の服飾デザイナーたちは、たとえば、着心地より服を着ることで気持ちがフリーになることを大事にする（川久保玲）、きれいな服をつくっただけで流行というファッション・デザイナーは真っ平御免、衣服をつくることによって人間とのかかわりを強めたい、人間の精神や生き方に関連する服をつくりたい（三宅一生）などという（水牛くらぶ編集『モノ誕生「いまの生活」』晶文社）。

そういう日本人の着物に求める心の本質を直截的に歌った句がある。

わが衣に伏見の桃の雫《しずく》せよ　（松尾芭蕉『野ざらし紀行』）

芭蕉は、爛漫《らんまん》と咲き誇る伏見の桃の花を身につけたかったのだ。つまり桃のタマを着たかった、自然のマナを身につけたかったのである。

それが日本人の晴着というものであろう。

十　恋を歌う

妻問いの歌

縄文の男たちは、さまざまな装飾品と鮮やかな文様の衣服を身につけた女たちを妻問いしたことだろう。

では、そのツマドイとはどんなものだったのか。

縄文人のツマドイを彷彿とさせるような物語がある。出雲の国の八千矛神《やちほこ》が、越の国の沼河比売《ぬなかわひめ》をツマドイする神話だ。

『記紀』では、ヤチホコは須佐之男の六代あとの子とされる。

そのスサノオは母の伊邪那美を恋い慕って根の国に還ったことからみて縄文人とかんがえられるが、その子供たちとなると、ときに縄文人的対応をしめすが、ときには弥生人的行動にも走る。ここでのヤチホコは幾山河を越えてやってきて、その行動は縄文人そのものである。

そこでそのヤチホコのツマドイの様子をみよう。

ヤチホコは、ヌナカワヒメの家の門口に立ってつぎのように歌う。


私はヤチホコの神の命です。

出雲のあたりに思わしい妻がなく、遠い遠い越の国に賢い女《ひと》がおられる、美しい女性がいらっしゃる、と聞いて、お目にかかりたい、お会いしたいとやってまいりました。

そして太刀の緒も解かず上衣もまだ脱がないうちに、その人の寝ている家の戸を一生懸命押していると、一生懸命引いていると、
青山で鵺《ぬえ》が鳴きました。野原で雉《きじ》が鳴きました。庭で鶏が鳴きました。

私の心も知らず騒ぐこれら鳥たち、この鳥たちを打ちのめしたい。

天翔《あまか》けて言の葉を人々に伝える鳥よ、これが私のツマドイの言葉です。


これを家のなかで聞いていたヌナカワヒメは、戸を閉めたままつぎのように歌い返す。

ヤチホコの神の命。

私はか弱い女ですから、私の心も浦の州にいる鳥なのです。

いまは貴方の鳥ではありませんが、もうすぐ貴方の鳥になるのです。

だから私の鳥たちを殺さないで。

青山の向こうに日が沈んだら、夜にはお出でください。

あなたが朝日のように微笑みあらわれて、カジの木の皮でつくった綱のような私の白い腕を、淡雪のような私の若い胸を、触ったり、手に取ったり、撫でたりして、玉のような私の手を枕に、足を延ばしてゆっくりお休みください。

ですから、今そんなに騒がないで。

ヤチホコの神の命、これがツマドイを受ける私の言葉です。


（『古事記　上巻』）


この歌をきいて、現代人のわたしたちはどうおもうだろう？　「何という大らかな恋！」「何というユーモア！」ではないか。

『古事記』が成立して千三百年もたつが、そのなかにこのような昔の日本の恋の姿が描かれていたのだ。「こんな素敵な歌の交換があるのなら、見ず知らずの男女が結ばれるツマドイも悪くない」と納得させられる。

天皇は歌で自分の子を認知した

もちろん、これは神話である。
しかしつぎに記すものは、神話ではなく実際にあった話だ。五世紀ごろに雄略天皇がツマドイの歌をうたっているのである。

籠もよみ籠持ち、掘串《ふくし》もよみ掘串持ち
この岳に菜摘ます児、家聞かな名告《の》らさね
そらみつ大和の国はおしなべて吾こそ居れ、しきなべて吾こそ座《ま》せ
我にこそは告らさめ、家をも名をも

（『万葉集』巻一・一）

ここでびっくりするのは、日本初の勅撰《ちょくせん》和歌集である『万葉集』の冒頭に、天皇のツマドイの歌、すなわち野にいる女の子を誘惑する歌謡がのせられていることだ。
そうなると、日本の天皇は毎日、何をしていたのか？

じっさい、雄略天皇よりさらに六代前の応神天皇は、宇治の木幡《こはた》の道で会った乙女のいる宴席で、料理にでてきた蟹を題材にこんなふうに歌っている。

この蟹はどこの蟹？　遠い遠い角鹿《つぬが》の蟹？　横這いをしてどこへいくの？伊知遅島《いちじしま》に着き、美島に着き、鳰鳥《におどり》が潜って息をハアハアつくように坂道の多い楽浪《さざなみ》の路を歩いてきたら、木幡の道で一人の乙女に逢った。後ろ姿は盾のようにスラリとして、歯並みは椎や菱のように白く美しくて、櫟井《いちい》の丸邇《わに》坂《さ》の土の上の方は赤過ぎ、下の方は赤黒いので、中位の土を弱火で焼いたような肌をして、眉を濃く描いた女の子に出会った。そしてああなればよいなと思った女の子に、こうなればよいなと思ったその子に、おもいがけずいま向かいあっている。寄り添っている。

まことに正直な求愛の歌である、が、これが天皇のツマドイの歌なのだ。こうして応神の恋は成立し、矢河枝比売《やかわえひめ》とのあいだに宇遅能和紀郎子《うじのわきいらつこ》が生まれた。

じつは応神天皇は、敦賀から近江をへて大和へむかう途中、各地の豪族の娘たちをツマドイしていたのだ。というのも、それが天皇の仕事だからである。そうしてツマドイの結果生まれた子供たちが天皇の子である証拠が、このツマドイの歌なのだ。それがあって、初めて世の人々に天皇の子供であることが証明できるのである。

とうとう日本の天皇は、歌をうたうことによって自分の子供を認知できるようになったのである。すると、歌というものは偉大なる発明品ではないか。

このようにして生まれた多くの天皇の子供たちつまり「アマテラスの末裔」のなかから、豪族の推挙などによって次の天皇が決まっていくのである（『一万年の天皇』）。

しかしかんがえてみると、そういう天皇のツマドイ行は、女を求めて山野河海を歩いた縄文人の旅に酷似しているではないか？

じっさい、日の出の太陽の遥拝をおこなう天皇の行為も同様だが、そういった天皇の行動のなかにじつは縄文人の生き様が濃縮されている、というより天皇そのものがいわば「生ける縄文人」なのである。であるからこそ、日本人は天皇を「万世一系」つまり無限の過去からやってきた神さまの子孫として今日まで尊崇してきた。日本人は無意識のうちに日本文化の根源に天皇を通して縄文人を見てきたのである。

その証拠といっていいかどうか、後白河天皇や後鳥羽天皇、さらに後醍醐天皇が、賤民とされたような傀儡《くぐつ》、遊女、白拍子や浮女《うかれめ》らと親しい関係をもったのも、彼ら彼女らの多くが縄文人の末裔だったからだろう。

「今宵会ふ人みな美しき」

さて以後日本の歌、つまり和歌の多くは恋の歌となる。それも、和歌がこのようなツマドイから始まったのだから当然だろう。

そのツマドイを昔は「婚《よば》い」といった。このように男女が歌で「呼びあう」からだろう。それが「夜這《よば》い」と称されたのはのちの俗語である。

そのヨビアイは、じつは動物の世界からきたとおもわれる。『万葉集』にも多くの動物の呼びあう歌がうたわれているからだ。

あしひきの山より来せばさ男鹿の妻呼ぶ声を聞かましものを（『万葉集』巻十・二一四八）
秋萩の咲きたる野辺はさ男鹿ぞ露を分けつつ妻問しける（『万葉集』巻十・二一五三）

またその昔、歌垣というものがあった。春や秋の季節のよいころに若い男女が食べ物や酒などを持ちよって風光明媚な山野に集い、歌ったり、踊ったり、愛を交換したりしたものだ。その有名なものが筑波山にあった。

筑波峰《つくはね》の会《つどい》に娉《つまどい》の財《たから》を得ざれば、児女《むすめ》とせずといへり

（『常陸国風土記』）

そういうツマドイが日本の愛の伝統になって、その後の『万葉集』以下の勅撰和歌集は恋の歌に満ちあふれている。大の男が女の愛を得るために駆けずりまわり、四苦八苦して歌を詠んでいる。大歌人の紀貫之でさえ、ヒリヒリとした恋の歌をうたっている。

想ひかね妹がりゆけば冬の夜の川風寒み千鳥鳴くなり

（『拾遺和歌集』）

多くの日本の名歌が海外に翻訳されるなかで、この歌だけは翻訳不可能とされる。それは冒頭の「想ひかね」の一句を訳しようがないからだ。「イモすなわち恋人に会いに行こうか、行くまいか」と悶々と身もだえる男の姿であるが、それが日本の男たちの、格好いいツマドイに先立つ真実の姿なのである。

そういうところから、江戸の国学者の本居宣長（一七三〇〜一八〇一）は日本文化の本質を「もののあはれ」とみた。孔孟の「理非曲直を正す」教えなどより「想いかねる男女の恋心」を日本人の最高の真情としたのである。

もっとも、鎌倉幕府からつづいた武士の時代の七百年間は、恋の歌はあまりうたわれなくなった。ところが、武士の時代が去った明治からはまた恋歌は復活した。そして今日に及んでいる。

清水へ祇園をよぎる桜月夜今宵会ふ人みな美しき

（与謝野晶子『みだれ髪』新潮文庫）

「この味がいいね」と君が言ったから七月六日はサラダ記念日

（俵万智『サラダ記念日』河出書房新社）

そして筑波山ならぬ各地のカラオケ会場は、老いも若きも恋の歌のオンパレードである。

それを外国人たちは驚異の目で眺めている。

しかし、動物だってその本能は「食べること」「食べられないこと」「愛の交換」の三つしかない。縄文人は、ベトナム戦争のときアメリカの若者たちが叫んだ「メイク・ラブ、ノット・ウォー」を実行して一万年の平和を維持してきたのである。

日本人はその伝統を受けついでいるのだ。

十一　男は山野を歩く

スサノオも妻問う

縄文の男たちはたえず他家の女たちを妻問いした。すると、その前後に彼らは何をしていたのか？　そういったことを示唆する話が、やはり『古事記』にある。

伊邪那岐の子の須佐之男は、父から「海を支配せよ」といわれたがそれを守らず、毎日、山海が枯れ干さんばかりに泣き叫んだ。そこで父にその理由を問われて「母の国の根の堅州《かたす》国《くに》へゆきたい」とこたえる。それを聞いて怒ったイザナキはスサノオを高天原から追放してしまった。

しかたなく、スサノオは姉の天照に別れを告げようとしたがおもわぬ狼藉を働き、それを怒ったアマテラスが「天の岩屋戸」に隠れてしまう。大事件を引きおこしたスサノオは責任を取らされて、天神《あまつかみ》たちによって出雲の国へ下されてしまった。

ところがそこでスサノオは、土地の人々に乞われて八俣遠呂智《やまたのおろち》を退治するのであるが、それはいわばグレート・ハンティングではなかったか？　大動物狩りである。

そのあと須賀の地に宮殿を建てて、

八雲立つ出雲八重垣妻籠《つまご》みに八重垣作るその八重垣を

（『古事記　上巻』）

と歌って、土地の豪族の娘の櫛名田比売《くしなだひめ》をツマドイする。それは日本の歌の嚆矢《こうし》とされるものだ。

こうして二人は結ばれ、たくさんの子供が生まれた。ところがスサノオはせっかく妻をえて宮殿を建てたにもかかわらず、その須賀の地には住まなかったのである。そのあと、母の伊邪那美が住む根の堅州国に帰ってしまったのだ。

わたしはこれを、スサノオのみならず、縄文の男たちの「母胎回帰」とみる。縄文の男たちも山海を踏みわけてグレート・ハンティングをおこない、恋の歌をうたって女たちをツマドイしただろうが、さいごにはみな母の懐に還ったのではなかったか。

山海で大動物を狩った

つづいて『古事記』に、有名な「因幡《いなば》の素兎《しろうさぎ》」の話がでてくる。出雲の国の大国主というと、白い服をきて黒い帽子をかぶって、大きな袋をかついだ旅する男をおもいだすが、じつは大穴牟遅《おおなむじ》神といい、さきのヤチホコの別名同人である。そのオオナムジがあるとき、大勢の兄弟たちといっしょに因幡の国の八上比売《やがみひめ》のところへ妻問いにでかけた。

その途中でかれらは、ワニに赤裸に剝《む》かれた白ウサギを見た。兄弟たちは面白がって白ウサギをさんざん騙したが、オオナムジは介抱をして助けた。そこで白ウサギは、「ヤガミヒメはオオナムジと結婚するでしょう」と予言をする。そのとおりヤガミヒメは兄弟たちの求婚をはねつけたので、兄弟たちは怒ってオオナムジを殺そうとした。

伯耆の国にやってきたとき、兄弟たちは真っ赤に焼いた大きな石を山から転げ落して、オオナムジに「赤いイノシシだ。捕まえろ」といった。兄弟たちのいうとおりオオナムジがその焼石を抱きかかえたところ大火傷を負って死んでしまった。嘆き悲しんだ母親の刺国若比売《さしくにわかひめ》は高天原の神々に訴えて自分の乳をオオナムジの傷口に塗って蘇生させた。

すると兄弟たちは大木を割いてそのあいだに楔《くさび》を打ちこみ、なかにオオナムジをいれて楔を抜いて殺してしまった。しかしこんども、サシクニワカヒメがオオナムジを蘇生させて紀伊の国の大屋毘古神《おおやびこ》のところに行かせた。ところがそこへも兄弟たちが追ってきたので、オオヤビコは須佐之男のいる「根の堅州国」へと逃げこませた。

だがスサノオは、オオナムジを蛇の室屋に入れて閉じこめてしまったのである。しかしオオナムジを見初めたスサノオの娘の須勢理毘売《すせりひめ》が、オオナムジにヒレをあたえて危うく危難を脱出させた、という話である。

ここでムロヤというのがでてくるが、それは竪穴住居である。とすると、根の堅州国は縄文世界だろう。

以上の話にみられるように、古い時代の男たちはツマドイのほかに旅と狩に熱中した。しかもその行動範囲は広く、ここでは出雲・因幡・伯耆・紀伊、そして根の堅州国と広がってまことに壮大だ。そのグレート・ハンティングの対象とされたものはここではイノシシであるが、ほかにクマ、イルカ、クジラなどもあったとおもわれる。それらの多くのものが土偶となり、縄文遺跡のなかに多数発見されているからだ。

なお、こういう縄文人の山野跋渉《ばっしょう》の行動様式は、後の修験や山伏に受けつがれていく。

男の出番か？

このように男が女を求めてツマドイをしたあと、イノシシなどを追って山野河海を飛びまわったのには訳がある。

縄文時代の家々はみな離れ離れにあって、ために男たちは遠くまで妻問いにでかけなければならず、それも一過性のものだったために、ツマドイのあとは山海を放浪するしかなかったからだ。

これにたいして女たちは、家や里からほとんど出歩かなかったとおもわれる。といっても女たちにべつに不満はなかっただろう。なぜなら、女は魑魅魍魎《ちみもうりょう》の跋扈《ばっこ》する山海などを嫌っただろうし、また男がツマドイにきて生まれた子供を育てなければならなかったからだ。それに年老いた母親たちの面倒もみなければならない。すると、里においてて毎日、採集、狩猟、漁撈にはげんで出歩く暇などなかったにちがいない。つまり女たちは家の大黒柱だったのである。

その結果、家はもちろん、里のすべてが女たちの財産になった。しかも、姉妹から生まれた子供はすべて姉妹の共通の子であり、姉妹たちは、里、家、子供を共同して守ったのであった。これはイロクォイ族をはじめとするクランすなわち氏族という血族社会の共通の現象である（Ellen Levine "THE IROQUOIS" Scholastic inc.）

こうして縄文時代はいわば「女の時代」だったとおもわれる。そしてその伝統はのちのちまで引きつがれた。父系制の結婚制度が確立したあとも、日本の家の女たちは「刀自《とじ》」「女房」あるいは「奥」「家内」「お袋」「主婦」などと名乗っていたからだ。つまりみな大なり小なり家の管理者を意味するのである。

さて、日本列島で農業が始まって世は激動した。

とはいっても、その農業の大部分はあいかわらず女がやっただろう。日本神話では、農業をもたらした大気津比売《おおげつひめ》や保食神《うけもちのかみ》、また伊勢神宮外宮《げくう》の豊受姫《とようけひめ》などみな女だからだ。じっさい、田植え時の重労働をいまも早乙女たちがやっている。

ただ農業をやるためには、日本列島の低地では遊水を干しあげなければならず、山地では川にそって灌漑《かんがい》用水路を掘らなければならなかった。国土急峻《きゅうしゅん》のせいで日本の川には常時、水がないからだ。それらの土木事業を「溝咋《みぞくい》」といった。農地をうるためには溝すなわち水路が必要で、その溝をつくるためには杭を打たなければならなかったからだろう。

ここにようやく男の出番がやってきた。大木を伐《き》って、杭を作って、それを打ちこむのは男の仕事だからだ。それがどんなに重要なものだったかは、神武天皇が橿原で即位したあと「三島の溝咋」の孫娘と結婚していることをみてもわかる。

そういうなかから、日本に初めて村が生まれていった。男たちの集約的な労働が必要になったからである。人々は、それまでの尾根の高みから湿地の州島《すとう》や山麓の川沿いなどに居を移し、多数の家々が集合した。そうして男たちは木を伐り、杭を打ちこみ、溝をつくった。そういう自然を相手とする土木工事の伝統は、中世の「川除《かわよ》け衆」の仕事や、信玄堤にみられる「水をもって水を制するやり方」であったろう。『日本書紀』にも神功皇后が「裂田《さくた》の溝《うなで》開削伝説」で火（雷）をもって水を制している（上田他『蹴裂伝説と国づくり』鹿島出版会）。日本独自の自然開発がおこなわれたとおもわれる。

それはさておき、そういう溝の水をめぐって男たちは他村と争い、ときには戦争もしただろう。男たちが農業生産に参加した結果、動乱の弥生時代が始まったのである。

そういう時代を背景としたためだろう、男女の関係もだいぶん変わっていった。先の八千矛が大和へ出かけるとき、残された妻の須勢理比売は次のように歌っているからだ。

われらの大国主のヤチホコ。

貴方は男ですから往く島の崎々、磯の崎々に若い女がいらっしゃるでしょう。しかし私は女だから貴方の他には男はいません、夫もいません。

だから綾織の帳《とばり》のフワリとする下で、苧《からむし》の夜具の柔らかい下で、栲《たく》の夜具のザワザワなる下で、
淡雪のように若々しい私の胸を、栲の綱のように白い私の腕を、触ったり、手にとったり、撫でたりして、私の美しい手を手枕に、足を延ばしてゆっくりお休みなさい。

さあどうぞ！　お酒を召しあがれ。

（拙訳『古事記　上巻』）


つまり、世は一過性の妻問婚から同棲をともなう婿取《むことり》婚に変わっていった。男が女の家に居ついて夫になったのである。そうして男は農業労働に励んだであろうが、しかし農閑期になると、相変わらず他の女のツマドイに走ったとおもわれる。残された女の悲哀がこの歌からも読みとれる。


「男三界に家なし」

しかし、このように男権が伸長したとはいっても、その後の日本社会は、西洋のよう

な「男性社会」にはならなかった。このばあいも、ヤチホコは「島の崎々、磯の崎々」で他の女たちをツマドイしただろうが、家はあいかわらずスセリヒメが管理していたのである。ずっとのちのことだが、山内一豊（一五四六〜一六〇五）の有名な日本一短い手紙「火の用心、おせん泣かすな、馬肥やせ」も、家の管理の多くを女が行なっていたことを示している。

このように、いつまでたっても男が家の仕事を行なわなかったのは、じつはその婚制によっている。つまり、妻問婚のあとに登場したものは嫁入婚ではなかったからだ。嫁入婚が日本社会に定着するのには室町時代まで待たなければならない。それまではじつは婿取婚が一般的だったのである（高群逸枝『招請婚の研究』『高群逸枝全集　第二巻、第三巻』理論社）。それはいまでいえば男が女の家に居つく「婿養子」というものに近い。すると、婿養子では男の放浪癖も止むことはなかっただろう。

つまり、男は生家にも婚家にも居場所がなく「衆家」すなわち男たちの住む長屋や若衆宿のようなところにも安住できない。わたしはそれを「男三界に家なし」とみる。ために縄文以来の男たちの山野河海をわたる旅は、なお止むことがなかったのである。

奈良・平安・鎌倉時代の男たちのそういった行動を思わせる歌をみる。

春の野に菫摘みにと来《こ》し我ぞ野を懐かしみ一夜寝にける
（山部赤人『万葉集』巻八・一四二四）

雲を出でて我に伴ふ冬の月風や身に染む雪や冷たき
（『明恵上人歌集』）

願はくば花の下にて春死なんその如月の望月のころ
（西行『山歌集』）

いずれも、男の悲哀を感じさせるではないか。

七十余の中世紀行文学を調べた日本文学研究家のヘルベルト・E・プルチョウ（一九三九〜二〇一〇）によると、それら男の旅はほとんどが有名な歌のうたわれた地を廻るもので、それは「日本の男たちの悟りの旅であった」という（『旅する日本人』武蔵野書院）。とりわけ枕詞の地を巡回することに男たちは大いなる喜びを見いだした。すると、縄文の男たちの動物狩りは、奈良時代以降には「風物狩り」になった、といえる。

ただし、南北朝時代に天皇が二人現われたとたん、世は激動した。天皇の権威が失われた結果、力ある男たちは父を捨て、主君を殺し、そして近隣の百姓たちを支配するべくそれぞれ山裾に屋敷と菩提寺を構え、背後の山に城をつくっていざというときに立て籠った。その山城跡の数は、二万を下らないといわれる。恐ろしい時代が始まったのだ。しかし、こうして下克上を通じて日本の男たちは初めて自分の家つまり山上の城と山麓の館や寺をもった。そしてそれまでの母系制を廃し、父系制社会をつくりあげたのだ。だが一方、それと並行して嫁入婚が始まり、逆に「女三界に家なし」つまり「幼にしては父に従い、嫁《か》しては夫に従い、老いては子に従う」時代になっていったのである。しかし、そうして父系制の家ができたとはいうものの、徳川時代にふたたび天皇制に代わる強力な支配の幕藩体制が現れても日本の男たちの放浪癖は止まなかった。

それは明治以降も変わらない。

幾山河越えさり行かば寂しさの終《は》てなむ国ぞ今日も旅ゆく

（若山牧水『海の声』）

である。

「お母さん！」と叫んで死んでいった

たしかに、平安時代以降に武士が登場した。

しかしその武士たちも、室町時代を唯一の例外として、本来の「父性社会」の男の生き方をしめさなかった。本来の父性社会の男だったら「武士道とは死ぬことと見つけたり」(山本常朝『葉隠』岩波文庫)などといってはならないのだ。西洋男子のように、生きて生きて、男性本位の社会をつくるべきである。

わたしは、幕藩体制に抗戦せずそういう旅に憧れた日本の男たちの虚無的な生き方のなかに、縄文以来の「母性社会」の影をみる。

本居宣長もいう。戦場の勇者といえども、ときには故郷の父母をおもい、妻子をおもわないか? それが自然であり人情である。それを隠すのは偽善である、と(『紫文要領』)。

そういう伝統は、その後の日本社会にもつづいた。

明治以後も次々に戦争がおこったが、ある日、一枚の召集令状がくると、日本の男たちは、女たちと後朝《きぬぎぬ》の別れを惜しんだあと、みな戦場に飛び立っていった。

そして勇敢に戦って、最後はみな「お母さん!」と叫んで死んでいったのである。

十二　女は里を守る

山村に母系制社会があった

ここで、母系制社会の実態を知るために縄文時代の家族をみる。

ルイス・モーガンは、十九世紀のイロクォイ族はおなじ共通の祖先の血をうけつぎ、一つの氏族名をもち、血縁によって結ばれた親族が統合された氏族ごとに住んでいた。その氏族は、仮想上の女性の祖先から女系をたどった子孫の母系制社会であるという（『アメリカ先住民のすまい』）。

イロクォイ族は石器や土器をもちい、腕のいい猟師や漁師となり、植物栽培もおこなうなど生活技術はかなりすすんでいた。しかし金属利用を知らなかったという点でかれらは縄文人に似ている。

わたしは、縄文時代もこのイロクォイ族とどうように母系制社会だったとみている。

しかし、母系制社会といってもべつに珍しくはない。じっさい、それに近い姿は最近までの日本社会に多くみられたからだ。たとえば先にのべた古代沖縄もそうだが、昭和の初めごろまでの東北の山中にはときどき「一軒家」なるものがあった。

一軒家といっても、エグネとよばれる屋敷林に囲まれた敷地のなかに小屋が何軒もあるものである。いちばん大きなものは大家、本家などとよばれて家長夫婦が住み、あとは妻屋といって年ごろになった家長の姉妹や娘たちが一戸ずつあたえられて住んだ。するとツマヤに住んだのは女一人か、または母子家族である。子供たちは他家の男たちの妻問いによってできたのだった。

ほかに家長の父母の隠居屋と、家長の兄弟や息子つまりその家の成人男子が雑居する長屋があった。すまいにそのような男女差があるのも、女たちは他家の男たちの妻問いを受けるのでプライバシーを必要としたが、男たちは他家の女たちのところへツマドイにいくので雑居でもよかったからだろう。女性史家の高群逸枝（一八九四〜一九六四）はそれを「大家妻屋式集落」とよんでいる（『日本婚姻史』『高群逸枝全集　第六巻』理論社）。

そしてそういう家では嫁入りも婿入りもなく、女たちは一生、生家をはなれることがなかった。といっても、先の縄文の女たちのように不満はなかっただろう。

するとそこに、家が母から娘へと継承される母系制社会が生まれるのである。

嫁いびりがなかった

同様のことが信州の白川村でもみられた。

そのあたりは豪雪のせいで、家はみな「柱立て」とよばれる木造三階から五階建の合掌造りだ。ために近年では観光のメッカになっている。

昭和の初めごろ、白川郷中切の木谷部落をしらべた民俗学者の江馬三枝子は、当時、木谷に七戸の家があったが、古くは三戸しかなかった。一戸ないし二戸の時代があったかどうかは確認できないが、付近から縄文土器や石器が発見されているから、古くから人が住んでいたようだ、という（『白川村の大家族』三国書房）。

そういう白川村で驚くべきことは、その七戸の時代に部落の総人口が百八十二人もあったことだ。一戸当たり二十六人である。夫婦・子供だけでなく、オジ・オバや甥・姪、イトコ・ハトコなども一緒に住んでいたからだ。

人々は、他家の男たちのツマドイによって自家の娘たちに子供ができるのを喜ぶが、自家の息子や娘たちを他家にやることはしなかったという。

どこの家でも人口が減ることを極端に嫌い、長男に嫁が必要なときにはしばしば「嫁盗み」がおこなわれた。どこかの家の娘が「ツマドイにくる○○さんのところに行ってもいい」といったときなど、その親は中間に立つ者に「逃げていく者は仕方がない」といって非公式の承認をだすのだ。すると「嫁盗み」がおこなわれる。明治の初期までは、そういう風だったという。

つまり表向きにはけっして女を他家には出さなかったのだ（同『飛騨の女たち』大空社）。しかしそうして嫁にいった娘は、しばしば他家において姑《しゅうとめ》や小姑から「嫁いびり」にあう。沖縄でいう「家に二つの竈《かまど》なし」で、母性社会がなお根強かった沖縄はともかく、父系制が進行する社会となると二つの竈がぶつかりあうのだ。父系制と母性社会との衝突である。じっさい、父系制社会の根強い韓国などでは、嫁は借腹にすぎず、姓もあたえられず、死んでも家の墓にもいれられない。始めから差別されている状況では「嫁いびり」も起きないのである。

さて、白川村をしらべた江馬は、跡取りにだけ嫁をやりとりする習俗も江戸時代に発生したものだろうという。すると江戸時代以前に嫁はなく、嫁いびりの悲劇もなかったのだ。

もっとも高群は、奈良時代までは妻問婚で、平安・鎌倉時代は婿取婚、室町時代からは嫁取婚という。ただしそれは社会の上層階級の婚姻制度だったから、嫁取婚が飛驒の山地にまでおよぶのには時間がかかっただろう。

すると、飛驒で嫁取婚が一般的になったのは江戸時代からかもしれない。

いずれにせよ日本の山村地帯では縄文時代が終わったあとも、長らく母系制社会がつづいたのであった。

しかし日本の学者はそういうことをなかなか認めたがらない。というのも、欧米の多くの学者が父系制以外は眼中にないからである。

土偶は元母

わたしが縄文時代を母系制社会とみるのはモーガンの説にくわえて以上のような事実があるからだが、さらにこういうこともある。それは縄文遺物に数多くみられる土偶だ。

縄文時代にある人型の土偶は母性像であり、各地の遺跡から何万個も発見されているが、その用途についてはいまだに考古学者のあいだで意見が分かれている。

しかし、縄文時代をモーガンのいう「仮想上の女性から女系をたどった子孫の社会」

とかんがえるとその答えは明快ではないか？　土偶はその仮想上の元祖の女性すなわち元母を象《かたど》ったものであり、人々は日ごろから元母を尊崇していたのだ。

問題は、その元母が多く壊されて出土していることである。しかしそれについては、こうかんがえたらどうか。

考古学の成果によれば、縄文集落は恐ろしく長続きしているものが多い。それも何百年、何千年である。一つの家がそこまで続くことはなかなかかんがえにくいが、ただその場所が住みよいところであれば、一つの家が絶えてもまた新しい人々がやってきて住んだことであろう。そのとき、前の家の土偶を割って厚く葬ったうえで、新たに自分たちの家の土偶を祭ったのではないか？

そうかんがえると、土偶が壊されて出土するわけもわかる。土偶が母系制社会のシンボルだったことも理解されてくるのである。

亭主達者で留守がよい

さてそういう母系制社会は、今日、日本社会からなくなった。その崩壊過程は、高群の説を援用すると、次のようにいえるのではないか。

まず縄文時代の女権中心の母系制社会は、弥生時代になると農業がはじまって男権があらわれ、古墳時代から奈良時代の国家形成過程で男権による男性社会化がすすんだ。平安時代に荘園制ができて社会の生産性がたかまると、社会の一部に父系制があらわれ、つづく鎌倉時代の武士支配のなかで母系制と父系制、女権と男権は拮抗《きっこう》した。しかし室町時代に母系制のシンボルだった天皇の権威が衰退すると、男たちによる下克上がすすんで母系制の家は解体され、かわって世は父系制社会となった。江戸時代にはその女権も失われた。

そうして明治をむかえて欧米から本格的父系制文明がはいってき、男権男性天皇制がつよめられて家父長制社会となったが、昭和の敗戦後には女性解放がすすんで家父長制社会はおとろえ、ふたたび女権が復活した父系制社会になった、ということである。

とすると、問題は今日の「女権が復活した父系制社会とはなにか?」ということだ。

たとえばサラリーマン家庭をかんがえてみよう。

そこではたいてい主婦が一家の家計をあずかっている。夫の給料もだいたい銀行振込みで主婦が管理している。ために亭主はしばしば女房から小遣いをもらう始末だ。それをみて多くの外国人は首をかしげる。

というのも、欧米では妻が家計をあずかるケースがないからである。「妻に財布をあずけるとすぐ浪費してしまい、家計がメチャクチャになる」といわれ、どこの家庭でも夫が財布をにぎって妻にはそのつど必要な金をわたす。

では、日本の夫はなぜ家計をにぎらないのか、というと、一般に男が家計をにぎると、酒、賭け事、女に熱中する、とおもわれているからだ。昔からいわれてきた「飲む、打つ、買う」である。

そこで、日本では一般に男より女のほうが金銭管理は堅実とみられてきた。江戸時代には、将来の家計管理にそなえて多くの女の子が寺子屋で勉強をした。だから日本の女はたいてい読み書きができたが、そんなことは世界にあまり例がないだろう。そしてそうなったのにははっきりした理由がある。

たとえば武士を例にとると、男は御城勤めでいそがしく、またいったん事がおきたときにはいつ死ぬかわからず、ために日ごろから家の一切を女にまかせてきた。そこでどこの武士家庭でも家の女は「奥」といわれ、家屋や資産の管理、使用人の統括、子供の教育、舅《しゅうと》や姑の世話などの家の一切の管理をおこなった。

そういうことが可能になったのも、縄文いらいの家の統括意識や能力が女にあったたからだろう。女は家をずっと管理してきたからだ。お袋の袋は母も家政をとり金銭をはじめ衣類などすべて袋に入れたからだという(『大言海』冨山房)。わたしはその袋を縄文時代の女のテリトリーでの採集活動のシンボルとみる。そして武士をはじめとする庶民の家庭での生活慣習が明治以降のサラリーマン家庭にもうけつがれ今日におよんでいる。

ただし、いまでは電化製品をはじめ各種の技術やサービスが普及したために、家の管理にまつわる女の負担は大幅にへった。その結果「セレブ」といわれる現代有閑マダムが登場するようになった。その彼女たちは「亭主達者で留守がよい」という。すると、縄文時代とあまり変わらないではないか。

縄文時代には数人ないし十数人の成人女性が、それぞれ子供をもち、スクラムを組んで家を維持したとおもわれる。ために社会は平和で、女性にとっても、歴史上もっとも幸せな時代ではなかったか。

「わたしが女になって犯されよう」

にもかかわらず第二次大戦前から、日本は「男尊女卑国」と世界からみられてきた。女の社会進出が乏しいからである。

そういう風潮のなかで明治四十四年（一九一一）に、平塚明《はる》（のちの雷鳥、一八八六〜一九七一）という一女性が文学雑誌『青鞜《せいとう》』を創刊して「元始、女性は太陽であった」と書いたとき、世間は大いに驚いた。

当時、そんなことは日本の学者はもちろん、世界の誰もいっていなかったからだ。それを弱冠二十四歳の市中の女が突然いいだしたのだ。

「どうして彼女が？」というと、わたしのしらべたところでは明は哲学少女でニーチェ（一八四四〜一九〇〇）を愛読し、そのニーチェが「古代ギリシャに母系制があった」とする十九世紀のスイスの法制史学者ヨハン・バッハオーフェン（一八一五〜八七）の「母権論」を手厳しく批判していたからである。

しかしニーチェに惚れこんでいた平塚明もその点だけは承服せず、バッハオーフェンの説に目をひらかれ、ニーチェのむこうをはって大胆な日本女性論を書いたとおもわれる（拙稿「平塚雷鳥・なぜ『女性が太陽』か？」「国文学」第五四巻五号）。

彼女の投じた一石は、のち熊本の小学校の代用教員だった高群逸枝に引きつがれた。彼女は三十四年の歳月をかけて『母系制の研究』さらに大著『招婿婚の研究』（『高群逸枝全集　第二巻、第三巻』理論社）を書きあげ、平塚明の「元始、女性は太陽であった」を立証してみせたのである。

ところが彼女の死後、彼女の業績を批判した人が現われた（栗原弘『高群逸枝の婚姻女性史像の研究』高科書店）。それは彼女の著作と遺稿の一部の食い違いを問題にしたもので、彼女の主張の全体をみないものとわたしはおもう。もちろん学問には個々の実証性が欠けてはならないが、しかし、大きな骨組の全体性というものも欠けてはならない。またここでそのために彼女が作為したともおもわれない。だが、大方の日本の歴史学者はこの批判を鵜呑《うの》みにして彼女を無視してしまったようである。

だがわたしは、「彼女が主張するほどに平安期に婿取婚が一般的でなかったとしても、彼女の示した婚姻史の大枠はゆるがない」とおもう。なぜなら、そうかんがえると、数々の不思議な文化をもつ日本社会が理解されるからだ。

今日、日本人はみな父方の姓をもち男性はみな職業をもつなど、きわめて父系制的である。しかし日本社会には、なお母性的要素が数多くある。

実態は「父性社会」ではなく、縄文いらいの「母性社会」がつづいているからである。制度は父系制でも社会は母性的なのだ。

そしてこの両者の折り合いがついていないところに、じつはいろいろ問題がある。

そのように日本社会が母性的なのは、たとえば宗教をみるとわかる。

日本は六世紀に仏教をうけいれ、それ以来、仏教信仰は大きく発展したが、それにひきかえ、同じ世界宗教でありながらキリスト教は日本社会にあまり浸透しない。その一つの理由は父性原理と母性原理の違いにある、とわたしはおもう。

キリスト教は、イエスの弟子が「お母さまが来られました」と告げても、イエスは「天にいます父の御心を行なう者が母です」といってとりあわなかったほどに父性原理が貫徹している（「マタイ伝」『新約聖書』）。

これにたいして仏教は、たとえば親鸞が性について悩んだとき、夢に救世《ぐぜ》観音があらわれて「お前の業が深くて女が必要なときにはわたしが女になって犯され、一生お前を立派にし、最後には極楽往生させよう」といったというほど母性原理があることだ（『親鸞聖人伝絵《でんね》』）。

これは極端な例だが、たしかに日本人はたくさんの仏像をつくってきたが、観音像といい阿弥陀像といい、その柔和なお顔はみな女性的である。

そしてわたしには、それら仏様のお顔と縄文の土偶つまり「元母」とが重なってみえるのである。

十三　祖先と太陽を拝む

石群という座

縄文人が、今日残した遺跡には、住居や要らなくなったものを埋蔵する貝塚などがあるが、ほかにたくさんの記念物がある。石をならべた石群《いしむら》、木柱群、土盛などだ。

そこで石群と木柱群をみよう。まず石群である。

それは『記紀』にある磐座《いわくら》すなわち石を並べた座をおもわせる。高天原の天照の御座所つまり太陽の座所であり、神さまの坐られる場だ。そして石群もまた座なのである。

このような石群は「配石遺構」とよばれて全国に五百以上ある、といわれる。

それに似たものにイギリスのストーンヘンジがあるが、それは廻りから見られる「巨石」であって、廻りをみる石群とは根本的にちがう。石群もときどき環状列石などとよばれるがそのように巨大ではない。地上に人間の拳《こぶし》や頭ほどの石を、直径五メートルからときに五十メートルぐらい円形にならべたものだ。それらは墓場や葬祭場とみられる痕跡もあるが、じつは天体観測場とおもわれるものも多い。

たとえば、秋田県鹿角市の大湯環状列石すなわち万座と野中堂の石群は、古くから「墓地か、祭祀場か」と論争があったものだが、近年は太陽観測所説が浮上している。二つの石群が、それぞれ「日時計」とよばれる一本の立石と放射状の石組をもって、夏至の太陽の沈む方向に一直線にならんでいるからだ。

またその方向には神奈備《かんなび》つまり「神の山」とされる三角形の黒又山が立っている。

この神奈備山信仰を問題にしたのは、文献史学（歴史学）・民俗学・考古学を修めた大場磐雄（一八九九〜一九七五）である。彼は昭和二年に静岡県下田市の洗田《せんだ》遺跡の配石遺構に立ったとき、その前方の吉佐美《きさみ》富士といわれる三倉山があるのをみて霊感にうたれた。遺跡はそれを拝む位置にあったからだ。調べてみると三倉山の頂上に浅間社があり、前の神尾山にはかつて三島明神があった。そこで大場は、その遺跡を三倉山という神体山の遥拝所としたのである（『祭祀遺跡』角川書店）。

そういう山岳崇拝所は、近年、山を時計の文字盤のように見立てて、そこを出入りする太陽を観測する場とみられるようになった（小林達雄『縄文ランドスケープ』アム・プロモーション、他)。

それをふまえて、わたしもまたこの石群を墓場・葬祭場であるとどうじに太陽観測所とみる。その根拠は、さきにのべたように縄文の環状集落の広場に死者が埋葬され、またそこから太陽を観測した、とおもわれるからだ。それの地域版である。

このように石群を墓所であるとどうじに「日昇・日没の観測所」さらには「神体山の遥拝所」とする遺構はまだほかにもある。長野県原村の阿久《あきゅう》遺跡と蓼科山、群馬県安中市の中野谷松原遺跡と浅間山、おなじく野村遺跡と妙義山、青森県青森市の小牧野遺跡と雲谷山などだ。

とりわけ阿久遺跡は全域五・五ヘクタールもある巨大なもので、なかに三百基ほどの集積遺構つまり石群がある。直径一メートルほどの穴のなかに人の拳から頭ほどの大きさの石を数百個つめこんだものだ。そしてその眼前に屏風のように立ち並ぶ八ヶ岳の景観は圧巻だ。富士山と桜島にならぶ日本の三大山岳景観といってもいいほどである。

木柱群という聖域

さて、もうひとつは木柱群である。

『古事記』の冒頭の国づくり神話で、伊邪那岐と伊邪那美が天から淤能碁呂島《おのころ》に下りてきて最初にやったことは「天の御柱」の建立であった。

古代にあって柱を立てるという行為は、その柱の廻りの土地の領有宣言を意味した。また『皇大神宮儀式帳』にみられるように、四本の柱を立ててその内部を聖化するものでもあった。

そういう考えからみてゆくと、新潟県青海町の寺地遺跡や山形県長井市長者屋敷遺跡の四本柱、青森県青森市の三内丸山遺跡の六本柱などの「方形木柱列」が注目される。ほかに石川県金沢市のチカモリ遺跡、おなじく能登町の真脇遺蹟、富山県小矢部市の桜町遺跡、滋賀県能登川町の正楽寺遺跡などの「環状木柱列」がある。

とりわけ環状木柱列は、縄文時代の後・晩期の北陸地方に十六基も集中していて、直径三十センチメートルから一メートルのクリの巨木であること、断面がカマボコ状であること、何度も立てかえられていることなどの共通点があり、高さも七、八メートルはあったろう、といわれる巨大モニュメントで人々を驚かせる。

これらの木柱群も近くに墓所があり、また神奈備山とみられる山があることから二至二分の日昇・日没観測所ではないか、とおもわれる。

以上の二種類の遺構は、いずれも「祖先の祭祀」と「太陽の観測」という二つの機能をもつものとわたしはみる。それらの行為は、それぞれの家でもおこなわれただろうが、家を越えた地域の共同祭祀や共同観測として、また地域の結束活動としてすすめられたのではなかったか？　その地域とは、イロクォイ族の例にならう部族社会だったろうとわたしは考えている。ただこれらの地域が「都市」にならなかったことが注目される。

なおこのような祭祀場として石群と木柱の二種類あるわけは「男の柱立てと女の石拾いではないか」という推理ができて面白い。じっさい男が巨柱を立てただろうし、女は川辺などで石を拾ったことだろう。いずれにせよ、こういう聖なる行為を男女ともに行ったのではないか、とかんがえるのは楽しいことである。

それはともかく、大切なことは縄文人が太陽と祖先の二つを拝んだことである。とすると、その二つはいったいどういう関係にあるのだろうか？

日本人はアマテラスの子孫

じつは、この「祖先と太陽の二つの信仰」を結びつけるような「人物」がいる。天照である。

わたしはいままで縄文時代を母系制社会として論じてきたのだが、初めてそういう話を聞いた人は、たいていびっくりする。そこで話を転じて「日本の最高の神さまは誰ですか？」と尋ねると、みな「アマテラス？」とこたえて「あ、そうか。日本の最高の神さまは女だったのだ」と改めて驚く。

かんがえてみると世界の神さまはユダヤ教のヤハウェ（エホバ）でも、キリスト教の神の子イエスでも、またイスラム教のアッラーにしても、仏教のお釈迦さんでさえもみな男性である。

ところがギリシャ神話は主神こそゼウスで男性だが、オリンポス十二神にはアテナがいる。だいたい十二神の半分は女性神である。そして先のバッハオーフェンは「古代ギリシャは母系制だった」という。とすると、日本のアマテラスも母系制社会を象徴するものだろうか？

アマテラスというのは、本来「天《あま》すなわち海《あま》を照らす」といういわば職名であって、本名は大日孁《おおひるめ》である。オオは大という尊称だから実際の名はヒルメだ。ヒは日、ルは助詞のノで、メは女だから「日の女」である。しかし民俗学者の折口信夫がメを妻と解し「日の妻《め》」つまり太陽につかえる巫女とした。

たしかに『記紀』をみても「アマテラスが天岩屋戸に隠れたために世の中が真っ暗になった」という事件はアマテラスが太陽だったことを示しているが「日ごろ神衣《かんみそ》を織っている」などというところは巫女というにふさわしい。

すると、ほんらいは折口のいうように「日の妻」だったものが、のち「日の女」に変わったのだろう。イエス・キリストもそもそもは救世主だったが、のち父ヤハウェと一体となって神のように扱われている。それをキリスト教では、神は内在者と超越者、具体的実在と抽象的存在の二面をもつものとする。

そこでアマテラスも、具体的実在の「日の妻」と抽象的存在の「日の女」の二面からみてゆこう。つまり巫女としての側面と太陽としての側面である。

わたしは先に縄文人は祖先と太陽を拝んだ、とのべたが、その祖先を各家の土偶すなわち元母とし、その元母の根源に女性神アマテラスをみると、祖先信仰と太陽信仰とは完全につながるではないか？　太陽であるアマテラスの血が各家々の元母に分割され、歴代の母たちの身体に体現されてわたしたちの身体に伝わってきているのである。

それをもうすこし別の方面から考察すると、こういうことだ。

まず、そのような系譜をもっとも直截的に示しているものに天皇家がある。天皇はアマテラスの血を受けつぐ者とされ、その血は万世一系とされる。そういう天皇はアマテラスが女であるように、男性というより女性的な行動を示す。のちにのべるように歴代の天皇の多くは女性のように身をやつし、女性の言葉を使い、女性の立場から多く歌をうたってきた。

とすると、天皇の血は「女」から「女」へとつたわる、いわば「擬制的母系制」といっていい。そうしてその擬制的母系制である天皇家の元母のアマテラスは、太陽なのだ。

一方、わたしたち日本国民はそのアマテラスからみると、天皇を本家とするいわば分家である。すると日本人はみな本家と分家の違いはあってもアマテラスの子孫であり、太陽の子といっていいのだ。

そういうわけで、わたしたちは祖先を信仰するとどうじに、アマテラスすなわち太陽をも拝む。死者を埋葬したり土偶を崇拝したりするだけでなく、山に出入りする太陽も観測し、遥拝するのだ。

石群や木柱群は、いわばその祖先信仰と太陽信仰をつなぐ鎖《くさり》である。日本人が仏を拝み神を拝するのを外国人はしばしば揶揄《やゆ》するが、それはいわばこの祖先信仰と太陽信仰の象徴的行為なのである。神仏を同時に尊崇しても日本人には何も不思議はないのだ。

それが日本人の信仰だろう、とわたしはかんがえている。

現代の祭に「縄文」を見る

そういう祖先信仰と太陽信仰をつなぐ「鎮」を祝う祭が、現代にもおこなわれている。「石群」は、たとえば京都の賀茂御祖神社《かもみおや》（下鴨神社）で毎年五月十二日におこなわれる御蔭祭《みかげ》だ。

その日、北東にある御蔭山から神さまが神輿《みこし》に乗ってやってこられて、社前の磐座に鎮座される。磐座は座布団ほどの大きさの穴に拳大や頭大の石が多数つめこまれたもので、先の阿久遺跡の集石遺構とまったく同じ構造だ。その集石は縄文の女の採集行為をしのばせる。

そしてその磐座の上で各種の祭事がおこなわれる。縄文時代が現代に再現されるのだ（新木直人『神游の庭』経済界）。それはまたタマ祭といってもいい。神さまの御魂《みたま》に元気になっていただくのである。日本の祭とは、本来そういうものなのだ。

また「木柱群」は、長野県諏訪大社の御柱祭《おんばしら》である。六年ごとに近くの山から八本の巨木を引き下ろしてきて、上社と下社の四至《しし》つまり四隅に立てる「柱立て」の行事だ。

諏訪湖からも望まれようかという巨大な柱と、何百人もの若者の勇壮な群舞に多くの観光客をあつめている。

かんがえてみると、これも縄文の木柱群そのものではないか？　オンバシラで囲まれたところが諏訪大社の聖域であり、そこからはかつて諏訪湖が見わたせたし、もちろん神奈備山である近くの守屋山も望まれた。

また、そういう柱立て行事そのものが縄文の男たちのグレート・ハンティングをしのばせる祭であり、また家々をこえた地域の人々の結束行動ではなかったか。というのも、現代もまったくそうだからだ。オンバシラ祭は諏訪の人々の結束のシンボルになっている。

とどうじにそれは人々のタマが高揚する一大カンパニーである。そうして地域の人々みんなが元気になるのだ。

すると「縄文時代」はいまも生きているではないか？

十四　大和魂に生きる

魂＝タマ＝マナ

ここで、いままでにいろいろとのべてきたタマについて一言する。

魂——という言葉をきいて、日本人は何をおもいだすだろうか。「三つ子の魂」？「和魂洋才」？「一球入魂」？　ときに先輩から「魂が入ってない！」などといって叱られる……？

いずれにせよ魂は「霊」を意味する古い日本語で、もとはタマといったが霊を意味するチということばと連結して魂霊《たまち》という同義の反復強調語となり、それが訛ってタマシとなり、のちタマシヒと引きのばされて一般的に使われるようになった、という（『日本古語大辞典』）。

そのタマシヒは、のち人間の身体の存在とは別の「心の存在」をもいうようになる。

それはさておき、そのチすなわち霊には、「奇《く》し霊《び》」すなわち威力という意味がある（諸橋轍次他『広漢和辞典』大修館書店）。霊威といっていい。じっさい霊には巫《かんなぎ》という意味があり、それは神子や巫女すなわち「霊威をもつ男」や「霊威をもつ女」をさす。

このように霊に「威力」という意味があるとすれば、魂霊《たまち》も威力、すなわち超自然力をもつものである。それは先にのべたメラネシア人のいうマナであり、沖縄のセジであり、日本語ではタマなのだ。

たとえば神道では、眠っている神さまを起こすために人間がしばしば神さまを揺り動かす。それを魂振《たまふり》という。フリは震《ふ》りで、大地や自然が揺れ動くことをいい、眠っている超自然力すなわちタマを起こすことである。

また神さまが正しく活動されることを鎮魂《たましずめ》という。シズメは人を制し治めることをいい、たとえば太陽というタマが正常に運行することである。太陽が正常に運行しないと天変地異が起きて世は乱れるのだ。

しかし神さま＝太陽＝タマが正しく運行すると、世の中は平和になる。

「チハヤブル神々」

では、そういう「タマ信仰」は縄文時代からあったのか？ 難しい問題である。そういうことを直接にかたる文献も遺物もないからだ。

ただ『記紀』の初めのころに、海外からやってきてこの国を統一した人々つまり天神《あまつかみ》族が、この国の先住民にたいして抱いた印象がしるされている。

その先住民というのは、弥生人のほかに、アマツカミ族の進攻に抵抗したツチグモ、またカリ・サギ・カワセミ・スズメ・キジなどの野鳥を友とした人々、さらにヘビ・ムカデが這いまわる住居に住んでいた人間たちつまり縄文人も含まれる。

さて、アマテラスが葦原の中つ国を支配しようとしたときのことだ。

『記紀』では、その中つ国の人々のことを「残賊強暴横悪しき神々《ちはやぶる》」と書く。「磐《いわ》の根・木の株《もと》・草の葉もなほよく物言ふ。夜は穂火《ほほ》のもころに喧響《おとな》ひ、昼は五月蝿《さばえ》なす沸きあがる」というすさまじさだ。つまり、彼らのあいだにはおよそ組織というものがなく、みんなテンデンバラバラにしゃべったり行動したりする、ということだろう。組織人として行動してきたであろうアマツカミ族には一匹狼の集団のように見えたに違いない。

そしてそういう一匹狼的行動の底にあるものは、タマあるいはマナといっていいのだろうか。

縄文人は江戸中期まで戦った

ずっと後のことになるが、第十二代景行天皇が日本武尊《やまとたける》に蝦夷《えみし》討伐を命じて「東の夷《ひな》は識性暴《たましいあら》び強《こわ》し」といっている。「エミシはすごいタマをもっている」というのだ。

たしかにこの国にやってきたアマツカミ族は、当初から縄文人たちのすさまじい反撃にあった。九州から東征してきたアマツカミ族の総大将の五瀬命《いつせのみこと》は、浪速で縄文人とみられる登美能那賀須泥毘古《とみのながすねびこ》に殺され、残軍が熊野に敗走すると、大熊があらわれてのちの神武天皇をはじめ多くの将兵たちがばたばたと倒れた。

やむなくアマツカミ族の本拠から「横刀《たち》と八咫烏《やたがらす》」つまり援軍をえて何とか大和へ進入することができたのであった。

なかに「久米人」がいて入墨をしていたのでアマ族とみられるが、アマツカミ族はそのアマ族すなわち縄文人と提携して大和に政権を樹立した。しかしそれからもなおツチグモ、クマソなど従わない縄文人たちを追って転戦しなければならなかった。

とりわけエミシの抵抗が激しかった。

そのエミシについて景行天皇は「山に登ること飛ぶ鳥のごとく、草を行くこと走《に》ぐる獣のごとし……撃てば草に隠る。追へば山に入る。往古よりこの方、いまだ王化に従はず」と嘆いている。

その「エミシの国家」が最終的に滅んだのは、なんと十二世紀末の奥州平泉においてであった。神武東征から数えておよそ千年後である。日本列島におけるアマツカミ族の縄文人制覇は、そのぐらい時間がかかったのだ。

日本歴史では縄文時代は、通常、紀元前二三〇年ないし二八〇年で終わり、それ以後は弥生時代、ついで古墳・飛鳥・奈良・平安の各時代がつづくとされるが、実際には、一部の縄文人たちは平安時代末までの約千五百年間、さらにアイヌ人のシャクシャインの乱をふくめると江戸時代中期までのおよそ二千年間も抵抗をつづけたのであった。

「縄文人のタマや恐るべし」というべきか？

大和魂とは何か

すると、そういう「恐るべき縄文人のタマ」というものは、今日のわたしたちにも受けつがれているのだろうか？

そういう問いかけをすると、思いだすものに「大和魂」という言葉がある。明治から昭和戦前までの天皇制国家の時代に大いに喧伝《けんでん》されたために、一般にあまりいい印象をもたれていないが、この大和魂が縄文人のタマを反映しているのだろうか。

じつはこの大和魂という言葉には、歴史的にいろいろの解釈があった。

たとえば江戸中期の国学者の賀茂真淵は「やまと魂」を「丈夫《ますらお》の雄々しく強き、高く直き心」つまり、男の猛々しさをよしとする「益荒男《ますらお》の思想」としている（『邇比末奈妣《にひまなび》』）。さきのチハヤブルの神々のようなものだろう。

しかし真淵を師とする国学者の本居宣長は、師とは正反対に「敷島の大和心を人問はば朝日に匂ふ山桜花」（自画像の賛）という歌を詠んで漢学の理屈主義を排し、日本人の感性のしなやかさをよしとしている。そして藤原俊成の「恋せずば人は心もなからまし物のあはれもこれよりぞ知る」（『長秋詠藻』）の歌にちなんで「もののあはれ」を主張したのであった。

その「もののあはれ」をわかりやすくいうと、理論だの学問だのといった小難しいことより、恋といった人間の素朴な自然感情を大切にするものだが、するとこれは「女の感覚や行動」といってよく、力は弱くても感性の豊かな「手弱女《たおやめ》の思想」といえるのではないか？　建築でいうと「樫の木の剛構造」にたいする「柳の木の柔構造」である。力にたいして力で立ちむかうのでなく、柳のようにしなやかに受けながす知恵に似ている。

それもそのはず、大和魂という言葉は、シナの学問や知識の偏重を批判し、日本の生活の知恵を重んずるものとして平安時代に起きたものであった。

そのもっとも古い用例の一つに、赤染衛門（『栄花物語』上編の作者）の歌がある。世間の「あなたの家の乳母《うば》の乳が細いのでは」という批判にたいして「さもあらばあれ大和心し賢くば細乳《ほそぢ》につけてあらすばかりぞ」（『後拾遺和歌集』）と、乳《ち》を知にかけて大きい乳と知識とを否定する歌を詠んでいる。乳の出は乳の形の大小に関係ないというのだ。むしろ「細乳」をよしとする。今日風にいえば「知恵ある女はAカップ」ということか？

また紫式部も『源氏物語』のなかで、大和魂を死んだ知識にたいする生きた知恵とし「才《さえ》を本としてこそ大和魂の世にもちひらるる方も強う侍《はべ》らめ」と才覚を重んじ、知識や大学に未練をもつ源氏を批判している（「乙女」）。

かんがえてみると、赤染衛門や紫式部が活躍した平安時代の宮廷社会は、多くの女たちが結婚せずに男の妻問いを受けるいわば「母系制社会」であった。そういう母系制社会にあって、このように大和魂が称揚されたことは考えさせられる。なぜなら、先にのべたように縄文社会も母系制社会だったとおもわれるからだ。

とすれば、縄文人の心はマスラオ主義よりタオヤメ主義ではなかったか？　アマツカミ族が縄文人をチハヤブル、あるいはツチグモ、エミシなどといって恐れたのは、彼らが自分たちの支配を拒否して抵抗したからだろう。縄文時代に成立したタマは「益荒男の猛々しい心」ではなく「手弱女の柔らかな心」だったとおもわれるのである。

「日本刀をもち、騎乗に巧みで、そのうえ潔さの心をもった戦士」という日本の武士の起源については諸説があっていまだに確定していないが、わたしはエミシから起きた、とみている（拙著『西郷隆盛ラストサムライ』日経新聞出版社）。じっさい「一騎当千」というのは平安のころ大和の軍勢がエミシを指していった言葉だった。

その彼らは強いだけでなく「戦い利あらず」と見るや、エミシの王の阿弖流為《あてるい》と副将の盤具公母礼《いわぐのきみもれ》は五百の戦士と数千の女子供の助命を引きかえに、自らすすんで縛につい て、そして殺されたのであった。

その潔さは、大和の軍勢の心を打った。そこから日本戦士の潔さが生まれ、やがて武士道となって関東に伝わり、日本全国に拡がっていったのである。

それは、のちの前九年の役の奥州の衣川《ころもがわ》の戦いでも実証された。

源義家がエミシの長の安倍貞任《さだとう》を追って「衣の館《たて》はほころびにけり」と嘲笑《あざわら》ったところ、貞任は即座に「年を経し糸の乱れの苦しさに」と上の句をもって答えたことである。そういう敗戦のときでさえ、縄文人の末裔《まつえい》は当意即妙の歌で自らの歴史の古さをしめしたのだった。

それをきいた義家は大いに恥じいった、といわれる。

なお太平洋戦争前に喜田貞吉は「(蝦夷は) 滅亡したのではなく、日本民族のなかに混入してしまって、その蹟を絶ったのであります。特に彼らが武士となって、我が日本民族中堅の階級を形作り、従来腐敗堕落の極みに陥入っていた我が国家我が社会に対し、回生の良剤を注射してその立直しをなすに至った」とのべている (「本州に於ける蝦夷の末路」「東北文化研究」第一巻第四号)。


「武器より武士」

縄文人のそういう知恵の豊かさというものが、縄文社会を一万年も持続させたのだろう。すると、以後の日本人にもそういう「大和魂」が受けつがれたのだろうか？

わたしは幕末の吉田松陰、井伊直弼《なおすけ》、坂本竜馬、西郷隆盛らにそれを見る。たとえば吉田松陰は捕らわれて死を命ぜられたとき、従容《しょうよう》として次のような辞世の歌を詠んだ。


身はたとひ武蔵の野辺に朽ちぬとも留め置かまし大和魂（または「大和言の葉」）


また西郷は、江戸開城のあと徳川方の残兵が彰義隊を結成して上野の山に籠ったとき、和平交渉を主張したが入れられず、関東大監察使の三条実美《さねとみ》により指揮官を解任された。代った大村益次郎は山麓にアームストロング砲を何台もならべて上野の山に砲弾の雨を降らせ、彰義隊を全滅させた。

以後、明治の統治者のあいだでは「武士より武器」が合言葉になった。

それがのち、日本軍隊の「大艦巨砲主義」に発展し、そして昭和に破滅したのである（『西郷隆盛ラストサムライ』）。

しかし西郷を育てた薩摩では、各郷で六歳から二十五、六歳までの武士の子に「郷中《ごじゅう》教育」という教育をおこなっていた。それは、潔さと勇敢さと弱者にたいするいたわり

の三つを教えるものであった。であるから西郷は、女、子供、農民、敗者そしてアジア

の各国民にたいして、いつもいたわりの心を持っていた。それが薩摩のサムライ精神だ

った。

するとわたしには、西郷、阿弖流為そして縄文人の三者が重なって見えるのである。

そのなかにあって、とりわけ心が重要である。というのも日本文化のなかで心という

ものをいろいろ問題にしてきたからだ。それは今日風にいうと「精神集中行為」である。

たとえば能の世阿弥の「離見の見」も、茶の村田珠光の「心の師とはなれ、心を師とせ

ざれ」も、日本で弓術を習ったドイツ人哲学者オイゲン・ヘリゲルの「それは新しい覚

醒状態を獲得することだった」(『日本の弓術』岩波文庫)にしてもみなそうだ。心を抑え

れば身体が、同時に技が見事に行動する。それが禅の境地である。西郷も「禅の人」で

あった。日本の武士の多くが禅を学んだのだった(拙著『神なき国ニッポン』新潮社)。

今日、平和になって多くの日本人は世界のスポーツで活躍している。日本人は男女と

もに体格や体力で外国人に劣るが、相撲でいう「心・技・体」のうちの心と技で相当の

成績を収めている。

つまり心と技は、いいかえると「武器より武士」ということなのだ。

その武士は明治になくなったが、その精神はサムライ魂やナデシコ魂となって今日にも引きつがれているのである。

十五　和して楽しむ

歓待の精神

それにしても、よく「縄文時代には戦争や殺人がなかった」といわれる。それは遺された縄文人の遺体に殺されたとみられる痕跡がほとんどないからだ。

対照的に弥生時代になると、殺されたとみられる遺体が多数でてくる。なかには鋭利な石器や金属器が突き刺さった状態で発見されるものもある。

では、なぜ縄文時代に戦争や殺人がなかったのか?

それについては証明のしようがないが、ただ先に紹介したアメリカ先住民の社会が一つのヒントを与えてくれるだろう。ルイス・モーガンはいう。

「イロクォイ諸部族のあいだでは、客がくればだれでも歓待する、ということが、大昔から変わることのない風習となっていた。どこのインディアンの村でも、村人であれ、部族民であれ、よそものであれ、だれかが家に入ってきたばあい、食べ物をさしだすのはその住まいの女性の役目であった。この役目を怠る、ということは、公然と侮辱したことに等しい」（『アメリカ先住民のすまい』）

これはイロクォイ族にかぎらずアメリカ先住民のあいだで広くおこなわれていた風習で、アメリカ大陸にやってきたイギリス人たちにも適用された。スペインの軍隊にも実行されたのである。

ではなぜ、そういうことが行なわれたのか。

モーガンはさらに、十八世紀に宣教活動をおこなった宣教師のジョン・ヘッケヴェルダーの著作（『ペンシルヴェニア州とその近隣諸州に居住していたインディアン諸部族の歴史・風俗・習慣』）を引用していう。

「インディアンは、大いなる精霊が人類全体の幸せのために、地球とそこにあるすべてのものを創った、とかんがえている。……この基本原理を源として、歓待のしきたりは生まれる。……病人や貧しい者は、共同の貯えから助けてもらう権利がある。というのは、森で捕獲された獣の肉をあてがわれたとしても、猟師がつかまえる前は、それは全員に共有のものだったからである。またトウモロコシとか野菜があてがわれたとしたら、出されたものは共有の土地から、それも人の力によってではなく、大霊の力によって育ったものだからである」

ヘッケヴェルダーはキリスト教の宣教師だったから、この文章には多分に「キリスト教的解釈」がみられるが、しかしここにアメリカ先住民の文化の一端を知ることができる。つまり歓待するというのは大霊の恵みなのだ。大霊の恵みの前には人間はみな平等なのである。だから見ず知らずの人にも歓待をおこなう。

日本の神道の神さまにも「和御魂《にぎみたま》」と「荒御魂《あらみたま》」がある。ニギミタマは平和な神さまだが、アラミタマはわたしたちが災害とよんで恐れているおどろおどろしい神さまだ。ところが神道では、両方の神さまを分け隔てなく祭る。同じ大自然の両相にすぎないからだ。アメリカ先住民のいう大霊の両側面なのだろう。

縄文人もどうようの観念をもっていたのではないか？　海には嵐も凪《なぎ》もあるようにこの世界にもいろいろの変化があり、人々はその変化をもたらす大自然、大霊、マナの気配を知ることが大切で、それを知ろうと縄文人は日々努め、ために人間どうしの争いなどにかかずらっておられなかったのだろう。縄文人はすぐれて自然観測民族だったのだ。

そうかんがえると、縄文社会に戦争や殺人がなかったことも、縄文社会が一万年もつづいたわけも理解できるのである。

沖縄にみるシナテとナゴヤケテ

そのことをいちばん強く感じているのは沖縄の人々だろう。

沖縄は日本列島をさらに二百分の一ぐらい小さくした島であり、しかも大自然の過酷さを日々、体験しているところだ。そこで沖縄に生まれて『おもろさうし』をはじめ多くの沖縄の歌謡を研究した外間守善（一九二四〜二〇一二）の話を聞こう。彼は沖縄の歌謡のなかに「シナテ」という言葉がたくさん出てくるという。たとえば、

あだにやのきもあぐみのもりに　安谷屋の人々に信望されている杜に
世がほう　よせわる　たたみ　豊饒と平和を寄せ給う領主様よ
ぐすくとたたみと　しなて　ぐすく（聖域）と領主様とが調和して
たたみとまなですと　しなて　領主様と村人たちが和合して（『南島の神歌』中央公論社）

シナテとは「撓《しな》う」からきた言葉で「和して」という意味だという。人々は「神の森

と領主と村人が和してほしい」と願っているのだ。

外間はいう。「『しなう』心は、用語例三十余語、『おもろさうし』のほとんど全巻にみられ、人と神、人と人、人と自然、王と人民との間に滲み渡るように交流している。そうみると、『しなう』心は、沖縄人の古代心性として底深くあったものといわざるを得ない」（前掲書）。

また『おもろさうし』には「和《なご》やけて」ということばもよく出てくる。シナテもナゴヤケテもともに「和する」ことだが、ナゴヤケテのナゴは凪に通じ、波静かな海の意からきたものである。四面を海に囲まれた沖縄の人々は、海と和さなければ生きていけなかったからだろう。

遡って、海に生きた縄文人もまたシナテやナゴヤケテの民族ではなかったか？　だからこそ平和の時代が長くつづいたのだろう。

稲の穂が垂れるようになよやかな女性

ところで古代シナでは、周辺の国々を「東夷《とうい》・西戎《せいじゅう》・南蛮・北狄《ほくてき》」などとよんで蔑視してきた。「弓や戈《ほこ》をもつ無法者」あるいは「虫や獣の類い」というのである。

ところがそのなかにあって日本にだけは人偏をつけて「倭」とよんだ。人間扱いをされた。しかもその旁《つくり》の委は「女+禾。禾は、穂先のなよやかにたれたいねの象形。なよやかな女性の意を表す」とされる(『広漢和辞典』)。日本はシナの人々から「優しい女」とみなされたのだ。

じっさい孔子(前五五一~四七九)はあるとき弟子の子路に「わたしの理想はとても実現しそうにない。いっそ筏《いかだ》にでも乗って海に出ようか」といっている(久米旺生訳『論語』徳間書店)。その海とは東海である。その中に日本がある。

老子も「国は小さく、人口は少ない。たとい人並すぐれた人材がいようとも、腕をふるう余地すらない。住民はすべて生命を大切にして、遠くへ足を伸ばさない。舟にも車にも乗る必要がないし、武器も使い道がない。文字を書いたり読んだりするこざかしさを忘れて、ひたすら現在のままの衣食住に満足し、生活を楽しんでいる。手の届きそうなすぐ隣の国とも、絶えて往来しない。これが、わたしの理想郷である」という(奥平卓訳『老子』徳間書店)。「小国寡民」の思想だが、まさに縄文社会そのものではないか。

そうして孔子から二百五十年後のこと、天下を統一した秦の始皇帝にたいして斉人の徐芾《じょふつ》がいう。「海中に三つの神山があり、蓬萊・方丈・瀛洲《えいしゅう》と申して、僊人《せんにん》が住んでおります。斎戒《ものいみ》して童男童女を連れ、僊人を探したいと思います」。そうして徐芾らは東海にいったが還ってこなかった（小竹文夫他訳『史記』ちくま学芸文庫）。しかし日本には、和歌山県の新宮市をはじめ各地に「徐福（徐芾）が来た」という「徐福伝説」がある。つまり古代シナには「東海に理想の国がある」という考えが一貫してあったのだ。

そういう歴史を引いてだろうか、その後の日本社会でも、ことあるごとに「和」ということが強調されてきた。聖徳太子も「和をもって貴しとなす」といっている。和は日本の国是となったのである。

平和と心を大切にする

そこでわたしがおもいだすのが「和楽《わらく》」という言葉である。今日、あまりつかわれないが「なごやかに楽しむこと」をいう（『日本国語大辞典』）。

意外なことに、じつはそれは第二次大戦前の大阪でよく使われた。関東大震災のあと大阪が経済的にも文化的にも日本をリードし、人口も東京を抜いて「大大《だい》阪」などといわれたころのことだ。わたしもそこに育ったのでよく知っている。

その「大大阪」は、第二次大戦後の大阪の代名詞になった「がめつさ」や「ど根性」

などとは縁遠く、何事もおっとりしていて、商売のあとには人々は文楽や歌舞伎、落語や漫才などを楽しんだ。男たちは謡曲に、女たちは着物に熱中した。

そういう大阪を見ていると「和楽」といったことが成立するのには、やはり経済的安定が大きかったか、とおもわれる。

とすると縄文人に「和して楽しむ精神」つまり和楽があったのなら、彼らの社会は豊かだったのだろうか。しかし、縄文社会の生産性が低かったからこそ弥生農業を受けいれたことをかんがえると、縄文人は物質的には決して豊かではなかっただろう。

だが豊かさというのは、かならずしも生産力の高さや物量の豊富さをいうのではないだろう。コップ一杯の水も、心の持ちようによっては貧しくも豊かにもなるものだとしたら、問題は心にあるのではないか。

縄文社会が、男の猛々しさより女のしなやかさを、益荒男ぶりより手弱女ぶりを、力より知恵を尊んだとすれば、モノよりココロということも理解されるのである。

そこでおもいだすのは、縄文人がつくった道具類である。考古学者の小林達雄は、そういう道具を第一の道具と第二の道具に分ける。

第一の道具は、石の槍や矢じり、釣針や網、石斧や箆、ナイフや土器などの労働用具や工作具、調理用具である。それらがなければ縄文人は生きていけない。それらが大切なものであることは誰にでもわかる。

ところがそういう第一の道具のほかに、じつは第二の道具というものがある。それらは土偶、土版《どばん》、土冠《どかん》、土面、石棒、石剣、石刀、独鈷石《とっこいし》また玉や珠などの装身具や飾り櫛などの祭祀具などであるが、さらに第一の道具のなかの土器につけられているさまざまな文様や装飾までもふくめると、まことに厖大《ぼうだい》、かつ、多彩だ。

これらは第一の道具のように直接「腹の足し」になるものではないが、強いていえばみな「心の足し」になるものである。それぞれがみな、人々の心を打つものだからだ。

そういう第二の道具が、縄文遺跡から大量に出土する。日本の歴史を通じて縄文時代ほど、このような「心の道具」が工夫され、しかもたくさん創られた例はない、といわれる（『縄文人の文化力』）。では、そのような「心の道具」は何に使われたのか？

話は飛躍するが、日本語はいろいろの言語が混合した「ピジン語」とみられ、その起源は「縄文時代以前に遡るであろう」（山口敏監修『日本人の起源の謎』日本文芸社）といわれる。日本語の特徴にオノマトペアがある。カラスがカアカア鳴くとか、雨がシトシト降るとかいった擬声語あるいは擬態語である。

そしてそのオノマトペアの豊富さの起源のヒントとなるものにアイヌの「ユーカラ」さらにそのなかの自然が神さまとなる「カムイユカル」がある。その自然とは、鳥獣はもちろん草木虫魚、日月星辰だ。彼らは人間世界に現われるときはそれぞれの形をとるが、神の世界では人間の形をしている。つまりわれわれ人間と本質的に変るところがない。その神々が自分が何者であるかを示すためにしばしば「折返し」なるものを歌う。それは動物の鳴き声であったり、動作であったり、状況であったり、叫びであったりする。それがオノマトペアであろうとわたしは考えている。

なおカムイユカルはアイヌの祭礼の呪術的仮装舞踊劇で行われただろうとアイヌ研究者の知里真志保はいう（「神謡について」知里幸恵訳『アイヌ神謡集』岩波文庫）。つまりその劇中で、自然と人間とが一体になるのだ。それがアイヌの神謡の世界であり、縄文人一般もまたそういう世界で遊んだのでは？と推察されるのである。

というふうにみてくると、縄文人は平和と、そして森羅万象のもののもとに心を通わせることにもっとも喜びを見いだした人々ではなかったかとおもう。

それが縄文の世界であったろう。「心の道具」もそのためのものだったとおもわれるのである。

結　「縄文日本」の未来

沖縄人と、アメリカ先住民と、日本神話の神々と

以上が、わたしの「縄文社会論」である。

しかし、この論述は言うは易く行うのは難しかった。というのも縄文社会はとっくの昔に滅んでしまったからだ。その滅んでしまった闇のような社会に、考古学の専門家でもないわたしが挑もうというのは始めから無謀な試みであった。

しかしわたしは無謀な試みではあるが、少しでも現状より前に進めたいとおもい、可能なかぎり隣接諸科学の知見の利用をかんがえた。

その一つが、沖縄との出会いである。

昭和五十三年に初めて宮古島を訪れて以来わたしは南西諸島に魅入られた。南西諸島は北から順に大隅、トカラ、奄美、沖縄、先島諸島とつづくが、トカラをのぞく四つの

地域をつごう六回、訪れた。そこでわたしははからずも、日本のすまいの原風景を見、さらに遡って縄文にまでいたったのである。

そういうところからする縄文社会の考察は、民俗史学的アプローチといっていいかもしれない。

二つ目はいまから二十年前のこと、縄文時代に興味をもったわたしがアメリカ先住民の社会に惹かれたことである。

そこでアメリカ先住民に関連する文献などを仲間たちと翻訳したが、さらにアメリカに出かけて各地の博物館を尋ねて見聞を広めた。そういうなかで、縄文社会の居住集団は、アメリカ先住民のクラン、沖縄の門中ないしマキョ、本土の一門あるいはマキにつながる血族集団ではないか、とおもうようになった。そしてそれら血族集団が母系制ないし母系制に近い血族制を採用しているなかで、縄文社会もまた母系制を営んだであろう、とかんがえたのである。

これは、比較文化人類学的アプローチといえるのではないか。

さて三番目は『記紀』をはじめとする古文献である。

わたしは『記紀』が好きで昔から親しんできたが、熱中するようになったのは最近でである。というのは『記紀』に、母系制社会の男女の愛の形である妻問いの話がいっぱいでてくるからだ。とりわけ神話篇にはイザナキ・イザナミに始まり、その子スサノオとクシナダヒメ、その子孫ヤチホコとヌナカワヒメ、オオナムジとヤガミヒメ、オオクニヌシとスセリビメ、アマテラスの子オシホミミとアキツシヒメ、その子ニニギとコノハナノサクヤヒメ、その子ヤマサチヒコとトヨタマヒメなどオンパレードである。

もちろんこれらは神話だからいつの時代のことかわからない。しかし竪穴住居とおぼしき室屋や鵜《う》の羽を葺いた産屋《うぶや》などが登場するところをみると、縄文時代とかんがえられるものも多いのである。

そのほか『記紀』には縄文時代の状況を記したとおもわれる話がたくさんある。

といったようなことから、これら古文献を基にいろいろ解釈と推量をおこなったのだが、これは神話学的アプローチだろう。

雨と崖崩れと洪水の時代

そうしていろいろ調べているうちに、わたしは縄文社会に関連する諸科学のあいだにあまり連携がないことに気がついた。また縄文時代を研究範囲に含めながら、縄文時代についてはほとんど調べられていない分野が多くあることも知った。

前者は、たとえば考古学と民俗学である。考古学者は北陸から中部山岳地帯にかけて多数の巨木の列柱跡を発掘し、民俗学者は諏訪大社の御柱祭などを調べているが、ともに巨木を立てる行為である両者の関連についてたずねても、両方の専門家は黙して語りたがらない。

また後者は、たとえば地質学や古気象学である。両者とも氷期時代のことはいろいろ調べているが、間氷期つまり縄文時代のこととなるとほとんど触れたがらない。この一万年余の間に日本各地に四十メートルを超える沖積層が形成されたこと、たとえば東京の下町の大部分を占める有楽町貝層も今から八千年前から五千年前に形成されたもので二十メートル前後の厚みがあり（湊正雄他『日本列島』岩波新書）、ためにそこに地質学上あるいは風土上の数々の大事件が起きたであろうことの原因も経過もわからないのだ。

そのほか「神社の起源は日本民族の出現と時を同じくし、およそ一万年になんなんとする」（西田長男『日本神道史研究　第八巻』講談社）や「相模の式内社の比比多神社は神域全体が縄文遺跡で、縄文時代の祭祀のなかから生まれた」（岡谷公二『原始の神社をもとめて』平凡社新書）とする指摘はあるが、しかし人文地理学は縄文時代のことにかんしてはあまり触れず、土木史学にいたっては皆無に近い。

ためにわたしは、関連するいろいろの知見や材料などから「縄文時代は雨と崖崩れと洪水の時代だった」と措定して論をすすめたが、もしそうだとするとその意味するところは大きい。科学技術の発達した今日の日本列島もそうだが、その昔の日本列島の自然災害の多さは人々の死活にかかわる問題だったからである。

といったように、現在の縄文研究にはいろいろ問題があるが、そこでわたしは、わたしなりに推察をすすめた。それがよかったかどうかは関係者のご批判を待つしかない。

そうして不完全ながらも、その時代の気象・風土に始まり、山野河海の模様、縄文人が営んだ家と親族の状況、かれらの価値意識と行動様式、それらにもとづいて展開されたであろう衣食住・生業・交通・社会・恋愛・信仰およびそれらの根底に潜む民族の心などについて論じてきたつもりである。

日本人論を束ねてみたら

しかしそれらをもってしても膨大な縄文社会の九牛の一毛に触れたかどうか疑わしい。

そこでわたしは、なお縄文社会を深く知りたいとおもい「今日の日本社会に残る珍しい風俗や風習、たとえば旬、着物、家の中で靴を脱ぐ習慣などといったものを縄文社会の遺制と措定して、それらを総合することにより逆に縄文社会の全体像が構築できないか」とかんがえた。つまりいろいろな日本文化に縄文という一本の補助線を引いて全体の構造を解こうという一種の「幾何学的試み」である。

では、今日の日本社会に残る珍しい風俗や風習とは何だろうか。

それにかんしては一つの事件がある。

太平洋戦争の敗戦後にアメリカ軍が日本に進駐し、アメリカ民主主義によって天皇の「人間宣言」をはじめとする日本の政治・経済・社会の改革がおこなわれた。とりわけ文化面では、戦前の「封建的なもの」を一切排除する強力な政策がすすめられ、ために一時は歌舞伎すら禁じられた。毎日、金髪美人の主婦「ブロンディー」が新聞の紙面をにぎわし、映画館では連日「西部劇」が上映された。それまで哲学や思想を論じていた旧制高校は廃され、かわって実利的で大衆的な新制大学が日本全国を覆った。

その結果、日本社会は急速にアメリカ化した。

そういうなかで昭和二十三年末に、アメリカの文化人類学者のルース・ベネディクト（一八八七〜一九四八）の『菊と刀』が翻訳、出版された。つまり西洋の「罪の文化」にたいして日本の「恥の文化」を対比したのだ。すると、それまで自信を喪失していた日本のインテリたちはびっくりした。戦後、日本文化は封建的で軍国主義的な悪とばかりいわれてきたのに、突如、日本文化にたいする相対的評価がなされたからだ。

それから多くの学者・文化人たちは色めきたち、世界に珍しい日本文化の多くについて論じあい、ために出版界は沸きたった。「日本人論ブーム」である。

しかしその日本人論ブームも、半世紀たって日本経済が泡沫のように崩壊すると、これまた朝日の前の雪だるまのように消え去ってしまった。あたかもそのブームを支えてきたのが驚異的な日本経済の成長だったかのように、である。

だが、それにしても日本人論ブームとはいったい何だったのか？

こんなことをいうのも、じつは本書に示した内容の多くが、すでにいままでの日本人論のなかで論じられてきたものだからだ。そういう意味ではわたしの縄文社会論も、新しくもない一つの「日本人論」である。

ただ、いままでの日本人論の多くがたんなる現代日本社会の現象学的考察であったり、話がたとえ歴史におよんでもそのルーツが中近世の農耕社会であったり、古代の仏教文化であったり、神代の神道世界であったり、さらには日本列島の風土を論じたりしたものだが「わたしの日本人論」はそのすべてを縄文時代に帰納《きのう》させた。

もちろん日本人論のなかには縄文回帰をとなえたものもあったが、このようなわたしの意図をもつものではなかった。

つまりわたしの方法は過去の事物から過去を考える考古学ではなく、現在の文物から過去に遡る一種の「考現学的アプローチ」といえるかもしれない。その結果、いろいろの問題があるにもせよ縄文社会の全体像が描けたのではないかとわたしはおもっている。

では、その全体像とは何か？　比喩的にいうといままでの日本人論がバラバラの箸だったとすれば、わたしの縄文社会論はそれらの箸をあつめてその根元に「縄文」という一本の木を当て、それらを糸で束ね、さらに漆で塗り固めたものである。するとここに一個の櫛があらわれた。結歯式櫛つまり「縄文櫛」である。

そういう縄文櫛を、わたしは「母系制社会」だとおもっている。

いまも生きる母性社会

では、その母系制社会はなぜ生まれたのか。

それは、この日本列島という島国の風土のせいである。

大陸のような大平原も、大河川も、大沃野もない痩せっぽちの国土にあって、人々は超分散居住を強いられ、ために血族ごとに小さなテリトリーをつくって、四季の自然を相手にしながら自給自足して生きざるをえなかった。そういう血族集落では血族の団結を崩す嫁入婚や婿入婚は禁じられ、妻問婚のみが許された。その結果「母から母へとつながる血の絆」つまり母系制社会が形成されたとおもわれる。

そしてそういう母系制社会の中心になったのが、子供、親、家、里のすべてを管理する女である「戸主《とぬし》」あるいは「刀自《とじ》」であった。のちの奥や今日の主婦につながる。

すると縄文社会がつづいたのは母系制というより、母系制をになった刀自の行動原理、つまり母性原理に負うところが大きいとわたしはかんがえる。

では、母性原理とは何か？

心理学者の河合隼雄（一九二八〜二〇〇七）は、父性原理は「よい子だけがわが子」で、母性原理は「わが子はすべてよい子」である、という。つまり父性原理は多数の子供のなかから良い子を選んで我が子にするが、母性原理は生んだ子供のすべてを我が子とし良い子とするというのである（『母性社会日本の病理』講談社 α 文庫）。

この河合の論をわたしなりにすすめていくと、父性原理が支配する父性社会では人々の競争が激しくなってたしかに社会は進歩するが、反面、弱者は切り捨てられていく。また競争にともなう抗争、戦争が激化し、また資源破壊や環境汚染などをも引きおこす。

これに反し母性原理が優先する母性社会は、平等を旨《むね》とするから人々の競争は起きずしたがって社会も進歩しないが、ために弱者の切り捨て、抗争、戦争、環境問題の激化などを引きおこさない。

つまり、父性原理は「社会の進歩と格差」を生みだし、女性原理は「社会の持続と平等」がすすむ、とかんがえられるのである。

とすると、縄文時代が一万年以上もつづいたのは母系制社会であるとどうじに、母性原理が支配する母性社会だったからではないか。

そして縄文社会以後、世はだんだん「男権社会」になり、今日、父系制社会となったが、それでも母性原理は今日の日本の母たちの胎内に残り「母系制社会」ではなくなったものの、いまなお日本を「母性社会」としている。それは、世界各国の青年に母親観をきいた調査でもわかることだ。日本の若者が母親に寄せる思いは感動的なほどに高いのである（千石保他『比較日本人論』小学館）。

また、さきの日本人論でも母性社会論は花盛りである。

たとえば精神科医の土居健郎は、日本人は大人になっても心理的に母子分離は困難（『「甘え」の構造』弘文堂）といい、教育学者の山村賢明は、死して母のもとに還る観念は日本の母が宗教的機能をもつ存在だから（『日本人と母』東洋館出版社）などという。さらに子供は母子一体感から逃げだすために短絡的に攻撃性を爆発させる（『モラトリアム人間の時代』中央公論社）という精神分析学者の小此木啓吾もいる。そのほか経済学者の林道義は、いろいろな社会現象は母性過多よりも母性喪失を示している（『尊と巫女の神話学』名著刊行会）とする。それらに見る日本人に受けつがれた母性原理の強靭さから、逆に縄文一万年の母系制社会の存在を推測できるといってもいいほどだ。

そういう状況をふまえて、河合隼雄は男性原理と女性原理の中和を構想する。日本神話がしばしば三神をおきながら、うち一神を無為の神とする中空性があることに触発されて、日本社会は男性と女性のバランスのうえに〈中空構造〉をおき、その中空に力をもたせないか、または力をもってもすぐに排除されるシステムをかんがえる、といったことだ（『中空構造日本の深層』中公文庫）。

この河合の中空構造論は、縄文の家の構造に似ているとわたしはおもう。

というのも、縄文の通常いわれる村、わたしのいうマキという血族集落では、個々の住居によって集落の広場を円形に囲む形が多いからだ。そしてその広場では祖先祭祀と太陽観測が行われる。それによって縄文社会の持続性と平等性がえられたのである。とすると、持続・平等をねがった縄文人に、河合がのべる中空構造の意識があったというのは面白い。

そういう意味でも、わたしは河合の中空構造論に共感をもつ。

ヒメの系譜

さて、いままで多くの識者が日本人論としてとりあげてきたテーマの一つに、日本国家のユニークな存在である天皇制がある。

たとえば小説家の坂口安吾は、天皇は極めて日本的な独創的作品で、社会的に忘れられた時でも政治的に担ぎ出される（『堕落論』新潮文庫）といい、哲学者上山春平は、日本社会の深層には律令的遺制があり、天皇は国家体制の頂点にあって古代から連綿として続いている（『深層文化論序説』講談社学術文庫）とする。それに思想史学者の武田清子のいう「人間天皇は伝統文化の変革を試みた一つの実験」（『天皇観の相剋』岩波書店）などの指摘がある。

しかしわたしは、さきの「縄文補助線論」ではないが、天皇制についても縄文の補助線を引いてみたらよくわかるのではないかとおもう。

その補助線とは先に論じた土偶である。縄文の各血族の祖先とみられる「元母」だ。というのも、古い日本社会には女性司祭者の歴史が連綿と存在していたからである。

ふたたび、沖縄を見よう。

沖縄の古い時代の、門中あるいはマキョといわれる親族集団では、男たちを兄弟《えけり》といい、そのエケリの「守り人」を姉妹《おなり》といった。

沖縄の海は危険だから、エケリが海に出て漁をしているときはオナリは陸地からたえず海の天候を見張るのだ。そうして異変があるとエケリに報せた。そのようなオナリをエケリはオナリ神といって崇め、セジつまり霊力を持つとみたのである。女たちは生まれてからずっと里に住んでいたから、風や雲の動きを熟知していたのだろう。天候観測にも独特の勘と経験をもっていたとおもわれる。

そうしてエケリとオナリは、力と知恵とをもって共同で漁をしたのであった。

またマキョの運営もエケリのリーダーの根人《にーっちゅ》がおこない、その祭祀はすべてオナリのリーダーの根神《にーがん》がとりしきった。

農業が盛んになる十三世紀、つまり「沖縄の弥生時代」になると、血族共同体のマキヨは統合されて地縁共同体の村になる。しかし新しい村の経営にも各ニーッチュの有力者があたった。それを按司《あじ》といった。アジは大和政権から鉄器や鉄塊を輸入し、農具や武器を開発した。本土の武士に似ているが、違うのはアジにはかならず祝女《のろ》という守り人がいたことである。アジとノロとは提携して村を運営したのであった。

さらに十六世紀以降、つまり「沖縄の歴史時代」にはいると、アジを抑える大アジが登場した。国王である。すると、女のほうでも聞得大君《きこえおおぎみ》という筆頭ノロともいうべき女性司祭者があらわれて、国王とキコエオオギミで国家を動かした。

以上は「ヒメ・ヒコ政治」（『招請婚の研究』）といわれる男女による複式政治の沖縄版である。

しかしそれは沖縄にかぎらなかった。本土の弥生時代も同様だった。というのは三世紀ごろの邪馬壱国《やまいこく》についてこういう記述があるからだ。

「その国、もとまた男子をもつて王となし、留まること七、八十年。倭国乱れ、合ひ攻伐すること暦年。すなはち共に一女子を立てて王となす。名づけて卑弥呼《ひみこ》といふ。鬼道につかへ、よく衆を惑はす」（『魏志倭人伝』）

するとこのヒミコの「鬼道」も、沖縄のキコエオオギミのセジつまり超自然力と同じものではなかったか？　タマであり、マナである。

続いて「男弟あり。佐《たす》けて国を治む」とあるように、ヒミコは沖縄の国王にもあたる男弟と一緒に国家を運営した。このように弥生時代の本土も「ヒメ・ヒコ政治」がおこなわれたのである。

なお、その後は男王が増えるが、しかし男性の大王といえども『記紀』によると、実際の政治は武内宿禰《たけのうちのすくね》（景行・成務・仲哀・応神・仁徳の五朝につかえた伝説上の人物）のような筆頭豪族がおこなったようである。つまり男王も、オナリ、ニーガン、ノロ、キコエオオギミ、そしてヒミコとつづく「ヒメの系譜」につらなる女司祭者の役割を演じてきたのである。

かつて天皇は女だった

さて歴史時代になって、壬申《じんしん》の乱のあと律令政治がすすみ、大王は天皇になったがその「祭祀王」としての性格は変わらなかった。

たとえば『百人一首』にもなっている天智天皇（六二六～六七一）の有名な歌、

秋の田の仮廬《かりほ》の庵《いほ》の苫をあらみわが衣手は露に濡れつつ

も、文学者の丸谷才一（一九二五〜二〇一二）は、農民の労苦を天皇が偲《しの》んだ歌であると同時に、「あなたに飽きられてあなたが訪ねてこないので、わたしの袖は涙にぬれている」という女の恋歌だという（『群像 日本の作家 25 丸谷才一』小学館）。

その「あなた」とは神さまつまり太陽であり「わたし」すなわち天皇はその情けを受ける女である。そしてこの歌は太陽が照らないので雨ばかり降って人民が困窮している、という訴えというのだ。そういう訴えをするのが天皇の一番大事な仕事だったのである。

このように天皇が女に身をやつしたところに、天皇は元来が女だったことがしめされる。つまり天皇は、オナリやヒミコとおなじくヒメの系譜につながるものなのだ。

そういう伝統は、その後の天皇にも引きつがれる。おなじく『百人一首』にある光孝天皇（八三〇〜八七）の歌もそうだ。

君がため春の野にいでて若菜摘むわが衣手に雪は降りつつ

かんがえてみれば、若菜を摘むのは女の仕事である。男はやらない。つまり天皇は女になって、君である神さまのために若菜を摘んでいるのだ。

また、鎌倉幕府と争った剛毅《ごうき》な後鳥羽上皇（一一八〇～一二三九）も、

忘らるる身を知る袖の村雨につれなく山の月は出にけり

と詠んでいる。男に見捨てられた女の歌である。男とは神さまで、女は上皇自身だ。神さまに見捨てられ、鎌倉幕府によって隠岐に流された上皇の苦衷《くちゅう》の歌といっていい。

ずっとのちの明治天皇も女の恋歌を詠んでいる。

恋しさに後の世までと契りける人の心よ違はずもがな

ただし、それも西南戦争までで、それ以後はいっさい恋歌を詠まれなくなった。「大久保政治」が始まり「武断天皇」が要請されたからだろう（『小国大輝論』）。そしてそれ

まで「御門《みかど》」といわれていた天皇は、それからは「天皇」とよばれるようになったのである。じっさい、ミカドは女のように髪を長く伸ばし化粧もしていたが、明治十一年以後の天皇はカイゼル髭をはやし、軍帽を被り、軍服を着、軍刀を下げ、馬にまたがって近衛師団を閲兵したのであった。

ここに日本の天皇の姿は、歴史上まったく変ってしまったのである。

今日わたしたちは「天皇は男性でなければならない」とおもいこんでいるが、天皇の起源を遡ればいまのべたヒミコにいたり、さらに沖縄のヒメたちと軌を一にするようにもとは女性が原則だったのだ。そしてさらに古く縄文に遡れば縄文の土偶すなわち元母と同じものになるではないか、とわたしはかんがえる。

かつて倫理学者の和辻哲郎(一八八九〜一九六〇)は、ヨーロッパ人は、ギリシア・ローマの文化や旧約聖書の世界に親しみを感じ、そこを自分たちのルーツのように考えているが、日本人はこれほど仏教や漢字文化を受けいれながら、インドやシナをそのようには見ていない、とのべて不思議がった(『ポリス的人間の倫理学』白日書院)。

しかしわたしは日本人がそのように見ないのは、日本には確固とした固有文化があるからで、それはこの土偶に象徴される縄文文化だ、とおもう。

ただし、今までそういうことをあまり誰もいわなかったので、大方の日本人には認識できなかったが、しかし人々の心や体には深く沁みついていると、わたしはみている。そして何かがあったときに、それが顕在化するのだ。

「天皇の髪に縄文櫛を挿して！」

ここでもう一度、さきの河合隼雄を引きあいにだす。

河合は、父性原理は物事を切断し分離してゆく機能をもつが、母性原理はすべてのものを全体として包みこんでゆく機能をもっている（『母性社会日本の病理』）という。

この河合の言葉を発展させて、わたしはネックレスを例にとって考える。

父性原理は、いわばネックレスを構成する一つ一つの玉である。それらの玉はバラバラにおかれているときはそれぞれ切磋琢磨して輝くが、ときにぶつかりあって火花も散らし、割れたり、くっついたりもする。「物事を切断し分離してゆく機能」である。

これにたいして母性原理は、そのぶつかりあったり分裂したりする玉をつなぎあわせる糸である。それらの玉を糸でつないで「すべてのものを全体として包みこんでゆく」。万葉歌にもいう。

玉の緒のくくり寄せつつ末終《つひ》に去《ゆ》きは分れず同じ緒にあらむ

（『万葉集』巻十一・二七九〇）

「玉を緒でくくれば玉は別れず、いつまでも同じ緒につながるではないか」という、その「緒」である。

たしかに、全体が包みこまれたかどうかを知るには、つないだ緒つまり糸が輪になっているかどうかを見ればよい。それが輪になっていれば、いいかえるとそこに中空があれば、糸は輪になり、全体が一つにつながっているのだ。

そして日本の政治世界における中空とは、歴史的にみると天皇という存在だった。さらに遡ればアマテラスである。

アマテラスが天の岩屋に閉じこもったら、世の中は真っ暗になった。中空が失われると世は闇になるのである。またヒミコもそうだ。彼女も「鬼道」をおこなうだけで、ほかに何もしなかった。いわばヒミコ自身が中空だったから、世の争いが収まったのだ。

とするとアマテラスも、ヒミコも、また天皇でさえも、その本質は力ではなく空である、といえよう。日本国憲法に「天皇は、日本国の象徴であり日本国民統合の象徴であ」ると書かれているが、その日本国民統合の象徴の意味はこの中空であることにある。

そしてその中空は、個々の玉とそれをつなぐ糸によってつくられる。

比喩的にいえば「個々の玉」とは切磋琢磨する父性社会日本であり、それらをつなぐ「糸」とは持続・平等の母性社会日本である。そうして全体がうまくいっているかどうかは、中空が存在しているかどうかにかかっている。その中空が天皇なら、それはまさに「日本国民統合の象徴」ではないか（『一万年の天皇』）。

天皇がそういう存在であるためにも、つまり母系制社会という縄文社会の体現者であったことを明らかにするためにも、天皇はその髪に縄文櫛を挿していただきたい、とわたしはおもう（『神なき国ニッポン』）。そうすることによって父性原理一辺倒の西洋文明に歯止めをかけ、母性原理の日本文化を恢復、発揚させることができるとおもわれる。

父性原理と母性原理がバランスを保ち、従来の「進歩史観」から新たな「持続史観」への道筋が描かれ明るい日本の未来が拓かれていく、とわたしはかんがえるのである。

あとがき

いまから四十五年前のことである。

わたしは大阪万国博のお祭り広場の設計のために、京都からたびたび東京の建築家丹下健三さんの事務所を訪れた。

ある日、そこで画家の岡本太郎さんにお会いした。そのとき、傍《かたわら》に何やらおどろおどろしい模型があったので「これは何ですか?」とお尋ねしたら、岡本さんは言下に「縄文だ!」といって黙ってしまわれた。その剣幕に驚いて、わたしはそのあと何も質問できなかった。

これがわたしと太陽の塔、つまり縄文との出会いである。

若輩(当時三十八歳)のわたしがお祭り広場の設計に関わったのにはいきさつがある。

わたしはその数年前まで建設省で「多摩ニュータウン」をはじめ「泉北ニュータウ

ン」や「京阪奈ニュータウン」などの企画と推進をおこなっていたが、ある日、突然、京都大学助教授を命ぜられ、できたばかりの新幹線に乗って京都に向かった。それまでの旧東海道線は沿線のたくさんの町々を縫《ぬ》うように走っていたが、新東海道線は東京―大阪間をほとんど一直線にすっ飛ばしていく。ために車窓から見慣れぬ国土の田園風景が展開するのを飽かず眺めているうちに、わたしは田園のあちこちにポコッポコッとある小さな森を見つけた。やがてその一つに鳥居を発見し「あ、鎮守の森だ！」とおもった。そしてこの国土総開発の時代になお鎮守の森が残っていることに強い衝撃を受けたのであった。

それを契機に、わたしは京都大学で町家を研究する傍ら、鎮守の森の調査を始めた。そしてあるとき小豆島の池田町（当時。現在小豆島町）亀山八幡宮の御旅所を見て感動したのである。それは農村歌舞伎の舞台と広場と観覧席を小豆島産の自然石で積みあげたもので、ギリシアの野外劇場にそっくりだ。春、夏、秋には祭や芝居がおこなわれて人々で賑わうという。日本にもこんなところがあるのか、とおもった。

そのとき、たまたま丹下さんと一緒に万博の会場計画に当っていた西山夘《う》三《ぞう》京大教授から「会場に広場をつくれ」と命ぜられ、この御旅所の形を基にして「お祭り広場」を提案した。提案は受け入れられ、わたしはその設計を命ぜられた。そしてそのお祭り広場の真中に岡本さんの「縄文」が登場した、というわけである。

以後、わたしの、町家と鎮守の森とそれに縄文を追いかける旅が始まった。鎮守の森の調査で各地を歩いているうちに縄文とぶつかったからである。そうして太陽の塔が立ってから四十三年ののちに本書ができあがった。いまではわたしは一万年の縄文社会は桃源境だったとおもっている。岡本さんからみればまことにまどろっこしい「旅」であっただろう。

なお、本書ができるまでに多くの方々のお世話になった。七年前に東京で縄文の講演会を行なったとき、考古学者の小林達雄さんからいろいろのご批判をいただいた。今回の出版に当っては担当の後藤ひとみさんからたくさんのご助言をうけた。記して感謝の言葉としたい。

平成二十五年五月　上田篤

上田篤　1930（昭和５）年、大阪生まれ。建築学者、評論家。元建設省技官、元大阪大学教授、西郷義塾主宰。『五重塔はなぜ倒れないか』『庭と日本人』『一万年の天皇』『小国大輝論』など著書多数。

Ⓢ新潮新書

524

縄文人《じょうもんじん》に学《まな》ぶ

著　者　上田篤《うえだあつし》

2013年６月20日　発行
2019年６月５日　２刷

発行者　佐　藤　隆　信

発行所　株式会社新潮社

〒162-8711　東京都新宿区矢来町71番地
編集部(03)3266-5430　読者係(03)3266-5111
http://www.shinchosha.co.jp

印刷所　錦明印刷株式会社

製本所　錦明印刷株式会社

ISBN978-4-10-610524-1　C0221